莫言小說：
「歷史」的重構

鍾怡雯 著

現代文學研究叢刊

文史哲出版社印行

國家圖書館出版品預行編目資料

莫言小說：「歷史」的重構 / 鍾怡雯著. -- 初
版. -- 臺北市：文史哲，民 86
    面： 公分. -- (現代文學研究叢刊；1)
參考書目：面
ISBN 957-549-103-3(平裝)

1.莫言 - 作品集 - 評論

857.63   86014271

現代文學研究叢刊

莫言小說：「歷史」的重構

編 著 者：鍾　　　怡　　　雯
出 版 者：文 史 哲 出 版 社
登記證字號：行政院新聞局版臺業字五三三七號
發 行 人：彭　　　正　　　雄
發 行 所：文 史 哲 出 版 社
印 刷 者：文 史 哲 出 版 社
臺北市羅斯福路一段七十二巷四號
郵政劃撥帳號：一六一八〇一七五
電話 886-2-23511028 · 傳眞 886-2-23965656

實價新臺幣二二〇元

中 華 民 國 八 十 六 年 十 一 月 初 版

謝　　誌

　　這本論文得以順利完成，首先要感謝指導教授陳鵬翔老師與邱燮友老師的指導，尤其是陳老師在理論架構與分析方法的啟迪，更是令我受益良多。在資料蒐集方面，除了陳老師的大力協助之外，特別要感謝張堂錡學長、以及在香港的林幸謙、馬冬梅，大陸的師友金宏達、胡恩厚、張維用諸位先生的熱心幫忙。最後，得謝謝彭正雄先生的厚愛，慷慨應允這本論文的出版。

莫言小說：「歷史」的重構

目　　錄

第一章　緒　論

　　一九七六年九月，毛澤東去世，接著四人幫下台，隨著政治型態的轉變，文學也起了重大的變化，從「文藝是階級鬥爭的晴雨表」，以政治操縱文學的毛時期進入所謂的「新時期」文學❶。在歷經傷痕、反思和改革文學，所謂的「政治反思思潮」❷之後，大陸文壇上出現了一股尋根思潮，其特徵是尋找民族文化和文學的根，論者稱爲「尋根文學」。尋根派以爲，文學的根應該深植於民族文化傳統的土壤裡，而不是栽在現實政治那一層表面的浮土裡。同時，隨著改革與開放的向前進展，傳統與現代、東方文化與西方文化的矛盾衝突愈見激烈，也迫使人們不得不去思考與之相關的問題。在尋根思潮興起的同時，現代主義思潮也進駐了大陸這塊土地。兩股潮流都是對「毛腔調」的反叛，企圖超越政治加在文學上的束縛，莫言的小說正呈現了這時期的文化特質，以及整個社會環境的脈動。

　　莫言自一九八五年以〈透明的紅蘿蔔〉（一九八五）、〈枯河〉（一九八五）、〈白狗鞦韆架〉（一九八五）等短篇小說崛起文壇。其後，他的《紅高粱家族》（一九八七）糅合了鄉野傳奇和英雄演義，再加上天馬行空的詭譎想像，不僅建構了山東高密東北鄉的傳奇，更把他推上另一個高峰。至於長篇小說如《天堂蒜薹之歌》（一九八八）、《十三步》（一九八九）和《酒國》（一九九二），則奠定他在新時期文學中的地位。

　　其實從大陸文化大革命和文化轉型的歷史背景來看，莫言的小說正體現了俄國文學批評家巴赫汀(Mikhail Bakhtin，一八九五～一九七五）所說的「狂歡節因素」(heteroglossia，王德威譯作「眾聲喧嘩」）。劉康以爲，莫言的「革命狂歡節」語言的先鋒性，除了表現在其對主流意識型態的中心話語和革命現實主義創作模式的挑戰與顛覆，以及語言與革命的創新上面，更在其積極肯定肉體感性慾望所表現的大眾文化的特徵（一九九五，頁三二四）。大陸在中共統治下的文化一直充斥著以國家民族爲訴求的「大說」（或譯「宏大敘述」，grand recit）。按巴赫汀所啓發的思路去思考中國當代文化，可以概括出「大說」的式微與「小說」的鼎盛這樣一條線索。莫言的小說就充滿了中心話語與非中心話語、向心與離心、精英與大眾、中國與西方各種話語與價值體系的衝撞與對話，呈現的不是二元對立，而是多元共存，語言雜多，眾聲喧嘩的局面（劉康，一九九五，頁三二五）。這種文化的局面，在巴赫汀「小說化」（novelistic）、「狂歡化」的理論中，有深刻精闢的分析。

　　本文的論述範圍，主要集中在討論莫言小說對「歷史」的重構。所謂「歷史」，是指莫言以主體性敘述來建構山東高密東北鄉虛實相生的神話。其次，這「歷史」是「小我」的個體敘述，迥異於以馬克思的意識型態來書寫的直線進化歷史。必需強調的是，莫言的紙上原鄉是敘述的產物，是歷史想像的結晶，因此，莫言所重構的「歷史」便成爲與中共「大敘述」相抗衡的聲音（王德威，一九九五·六·一八，聯副，第三十七版）。在歷史的想像裡面，其實充滿了慾望、生存的基本困境、暴力、死亡以及權力的運作。莫言備受爭議的寫醜、對肉慾和性愛的描寫、對文學與正義問題的犬儒思考，以及刻意追求狂放與怪誕，其實都可以看

出其語言的戲擬性。他寫赤裸裸的男歡女愛、肉體的激情和慾望的勃發，其中都充滿了反諷。其嘲弄、誇張、變形的背後，糅合了當代現實世界中的眾聲喧嘩，對權威性話語的戲擬和融入俚俗民間話語，都呈現了「對話性」小說的特徵。

莫言的小說題材大致可分為兩個面向：重構高密東北鄉的歷史是其大宗，其次，他對當代社會文明所引發的精神和心靈的困境，也極盡批判和反諷，並上溯中國歷史的腐朽傳統。在大陸開放之後，各種不同的話語與價值觀相互對話與衝擊，毛腔調式的一元化思考模式已經崩潰，「大說」業已式微，多種聲音喧嘩沸騰，「小說」鼎盛，莫言的作品因而洋溢著嘉年華似的狂歡精神。

為了討論上的便利，這裡把莫言的小說分成兩大部分來處理：對肉體的合理性逆轉、「怪誕」的眾生喧嘩和各種不同的價值體系的衝擊與對話，納入第五章「嘉年華」的生命形式，是為莫言所重構的「歷史」內涵。至於第六章則論述性和血所建構的野史和退化的歷史觀，這二者所建立的主體性歷史尤能突顯其與中共的「大敘述」之差野。本文主要以巴赫汀的文學理論為架構，輔以現代主義學說，以此探討莫言如何以「小我」成為敘述的主體聲音來重構「歷史」，為流變的歷史定位。

由於莫言還在持續創作當中，因此本文的論述範圍限從一九八一年他開始發表第一篇小說〈春夜雨霏霏〉，直到一九九五年所發表的作品為止❸。

【註釋】

❶唐翼明指出，鄧小平時期（尤其指一九七七至一九八九年「六四」事件前），大陸文壇上通稱為「新時期」，以別於毛澤東統治的時期(一九九五，頁一)。張子樟也認為，一九七七年十一月，劉心武的〈班

主任〉刊登在《人民文學》上，新時期文學就此拉開序幕（一九九一，頁五）。至於《中國新時期文學辭典》則以一九七六爲「新時期」的開始，而以爲「『新時期』是中國大陸上的一個特定的歷史概念。按通常理解，它以一九七六年十月粉碎『四人幫』爲起始，並正在不斷地向後延伸」（丁柏銓編，一九九一，頁五），比唐翼明及張子樟的一九七七年早一年。金漢則以爲「新時期」包含兩層意思，一指社會歷史發展的新時期，即自一九七八年十二月黨的十一屆三中全會召開之後，高舉「實踐是檢驗眞理的唯一標準」的思想解放運動之大旗，徹底結束和否定了文化大革命，進而率領全國人民投入了以建設四個現代化爲目的的社會主義革命和建設的歷史新時期。二是指文學發展的新時期，指中國當代文學，在經歷了建國初十七年現實主義的曲折發展，又遭受了文革十年的巨大創傷之後，經過一九七六年十月粉碎四人幫開始至一九七八年底黨的十一屆三中全會召開這兩年多的短暫的喘息和過渡。唐翼明則以一九八九「六四」事件爲新時期的結束，張子樟和金漢沒有言及，《中國新時期文學辭典》則以爲應無限期的延伸。

❷唐翼明指出，無論是傷痕文學、反思文學或是改革文學，都是以描寫改革與守舊的衝突、理想與現實的矛盾爲其主要內容，從本質上看，都是以共產黨及其意識形態爲本位，它未能跳脫共產黨的政治文化和語符系統，並沒有否定共產黨及其意識形態，更遑論直接批判毛澤東。但是相較於毛時期大陸文學一味的歌功頌德和粉飾太平，它仍帶有些許微弱但明顯的反叛氣息（一九九五，頁一四一）。

❸莫言在此之前也寫過幾篇小說，但都未公開發表，以一九八一年十月在《蓮池》公開發表的〈春夜雨霏霏〉爲其第一篇小說（賀立華、楊守森編，一九九二，頁一三）。莫言也自認爲《春夜雨霏霏》是他的第一部作品（同前引，頁四○六）。至於莫言在一九九六年一月出版

的長篇《豐乳肥臀》，由於本文已在撰寫當中，故不納入論述範圍。此外，《天堂蒜苔之歌》由於所寫是天堂縣蒜苔滯銷而引起暴動，本論文亦不處理。《天堂蒜苔之歌》出版於一九八九年，一九九三年莫言再修改爲《憤怒的蒜苔》。

第二章　中國當代文壇現況 ——從獨白到複調的質變

第一節　政治與文學的獨白時代

在中國文學的發展史上，政治和文學的關係往往是密切結合的。無論是從最早的儒家詩教所謂的「思無邪」、「興觀群怨」或「溫柔敦厚」，唐代白居易的「文章合為時而著，歌詩合為事而作」，民初梁啓超所謂小說有「熏、浸、刺、提」四種功能，都與政治教化有關。一九四九年中共建國，大陸進入毛澤東時期之後，文學與政治的關係遂更加密不可分，文學不但服從於政治，並且統一於政治，成為一個中心意識型態所掌控的封閉系統，劉再復認為五十年代到七十年代的大陸文學不僅是「獨白的時代」，更是一個從文學的獨白走向文學獨斷和文學獨霸的時代（一九九五，頁五～六）。

所謂「獨白」（monologue），是巴赫汀用以分析杜斯妥也夫斯基（Dostoevsky，一八二一～一八八一）的小說時，用以和「對話」（dialogue）相對比的批評術語。對話與獨白的對立，成為巴赫汀藉杜斯妥也夫斯基小說話語的形式，來描述歷史轉型期的一種概括，這種概括根本上來說是一種語言和形式層面上的概括。他先是從哲學的認識論角度來看「獨白」與對話。「獨白」是一個由單一意識所支配的、統一、完整、封閉的世界觀，是作者的權威意識主導一切的一元世界，各種不同的意識和聲音都成了作

者「獨白意識」的客體對象（劉康，一九九五，頁一九二）。這種獨白的意識呈現在小說裡，則變成主角❶是作者自己的主觀意識的投射，主角並沒有自覺意識(self consciousness)，所以獨白時期的小說人物是作者藉以發聲的客體。

大陸文學的獨白時期，是馬克思主義霸權的意識型態語言支配一切文學創作的時代，文學創作和政治式寫作劃上了等號。它本身包含對生活、社會、人生各方面的解釋，提供了一個思想模式給作家，在三十年代中國思想界很不穩定、處於「禮樂崩壞」的新文化運動時期，無疑為知識分子提供了一個十分具吸引力的新方向❷。三十年代以後，五四「為人生而藝術」和「為藝術而藝術」的主張，已經漸漸被馬克思主義所豢養的價值判斷所消解，政治化的思考模式成了作家創作的前提。批評界／文壇均以政治意識型態來做為作品的評定標準，「主義」變成敘述的框架，文學成為「主義」的工具。

羅蘭・巴特在其《寫作的零度》(*Writing Degree Zero*)一書專門討論了「政治式寫作」的兩種類型——「馬克思主義寫作」和「法國的革命式寫作」。巴特以為，馬克思主義寫作的形式封閉既非來自一種修辭的誇張，也非來自突出某種敘述方式，而是來自一種像技術詞彙一樣專門可發揮功用的詞彙，在這裡連隱喻也作了嚴格的規定。至於法國的革命式寫作，則永遠以流血的權利或一種道德辯護為基礎；而馬克思主義寫作從根源上說，表現為一種知識的語言，它的寫作是單義性的，因為它注定要維持一種自然的內聚力。正是這種寫作詞彙身分使它能加強於自身一種說明的穩定性和一種方法的永恆性(李幼蒸譯，一九九一，頁八九)。

馬克思主義寫作是一種目的式寫作，一切都是為了達到一個既定的目的——社會革命，寫作因而具有社會性的使命，於是

「美」或「藝術」便不再是寫作的第一重點考量。馬克思主義者把語言看成是由善與惡所支配的一種功能性符號，所以寫作便淪為替政治服務的同質性文體／聲音。在這一類革命作品裡，作者為了達到宣傳與煽動革命的作用，往往採用書信體，或以第一人稱直抒胸臆，插入大量的標語和口號；其情節多是梗概式的，主要是為了說明一種對革命的觀念或認識。毛澤東利用馬克思主義赤化整個大陸，消滅一切雜音，舉凡與中心話語相違者毫無例外的全都界定為「反動文藝」，所使用的手段正是鼓動政治式寫作。沈從文所代表的「桃紅色文學」，朱光潛所代表的「藍色文學」，蕭乾所代表的「黑色文學」，以及諸多以「色」來命名的文學現象，都是反動文藝旗幟下的產物。許多作家因為意識到獨白時代的鉗制紛紛停筆，如沈從文和蕭乾等。也有未充分體認到這一點，而以滿懷熱情踏入這個被宰制的時代，如老舍、巴金等；然而，無論他們多麼熱情的謳歌新中國，最終仍被視為異己作家。巴金後來被姚文元批判為「宣揚無政府主義」，在文革時被打入牛棚，而老舍則自殺身亡。

　　毛時期的大陸文學可以分為兩個階段：第一個階段從一九四九年到一九六六年文革前夕，大陸文壇通稱為「十七年」；第二個階段則是文革的十年。唐翼明考察「十七年」的文藝理論，認為其受蘇聯的文藝理論與批評的影響極大，「一方面突出強調文藝的社會功能，使文藝從屬於政治，要求文藝為政治服務，沿襲、甚至發展了蘇聯共產黨領導文藝工作的一套做法。蘇共的一個領導人日丹諾夫曾經公開指令『文學領導同志和作家同志都以蘇維埃制度賴以生存的東西為指針，即以政策為指針』、『把思想戰線拉上，與我們工作底其它一切部分並列在一起』。而在一九四九年七月中共召開的第一次文學藝術工作者代表大會上，當時位

居要津的周揚也強調必需學習政策，『將政策作爲他觀察與描寫生活的立場、方法與觀點』其實就是日丹諾夫的翻版。這種觀念，在許多文藝界領導人的頭腦中，可謂根深蒂固」。其次，毛澤東以其「神化」的領導地位，對文藝理論與批評進行指揮和命令，他在一九四二年五月的〈在延安文藝座談會上的講話〉，提出許多的主張與論點，包括：「文藝必須從屬於政治」，「文藝必須爲工農兵服務」，「生活是文學藝術的源泉」，「文學藝術家必須到群衆中去，必須長期無條件全心全意地到工農兵群衆去，到火熱的鬥爭中去」，「政治標準第一、藝術標準第二」，「沒有超階級的人性」，「沒有普遍的人類之愛」，「歌頌革命、暴露敵人」，「知識分子必須改造世界觀」等等，成爲日後中共批評文藝作品的準則，也同時把文學／文藝與政權結合，文學／文藝在政治急速左傾之後，更成爲政治鬥爭的工具（一九九五，頁三～五）。

　　毛澤東在這場座談會之後，把歌頌和暴露共列爲文藝作品的基本態度和文藝工作者的基本立場。所謂暴露，就是對歷史進行批判，清算一切落後、反動、逆歷史潮流的過去；所謂歌頌，就是對進步美好革命的現在和未來進行肯定。毛澤東自己更寫了〈應當重視電影《武訓傳》的討論〉、〈關於《紅樓夢》研究的一封信〉、〈關於胡風反革命集團材料的序言和按語〉以及〈關於文學藝術的兩個批示〉等具指導意味的文章，以教育知識分子和作家一切言論／文字均須以朝向「前進」的目標爲準的，充分顯示出馬克思主義的時間觀──在馬克思主義那裡，人類的社會總會隨著時間的推移從低級走向高級，從殘缺走向完美，從黑暗走向光明。這種時間觀引入小說敘事，並不是在強調不同時間發生的事件的因果關係，而是表現在不同時間發生事件的價值上面。

如此一來，過去的社會制度和跟不上歷史潮流的階級力量和人物，就成爲落後和反動的東西；反之，就是正面和革命的東西。因此只要敘述者同意這種觀點，小說的敘事便也帶上一種簡化的進步歷史觀。正是在這種歷史觀的薰陶下，產生了如茅盾的《春蠶》、丁玲的《太陽照在桑乾河上》和浩然的《艷陽天》等爲馬克思主義作圖解的小說。文學藝術漸漸淪爲革命機器的一部分。

劉再復以爲，中國現代小說馬克思主義的政治式寫作，開端階段的典型作品，是茅盾在一九三二年發表的《春蠶》。在這之前，五四時期的小說雖然也有很強的政治性和鮮明的政治鬥爭背景，但不能算是政治性寫作。因爲這個時期的小說，並不是以某種政治意識型態對社會政治的分析作爲寫作的前提，更不是把小說作爲對政治意識型態的譯解和轉述，小說中的人物也還是個人的產物，而不是階級的產物（一九九五，頁一二六）。然而自《春蠶》以降，文學作品漸漸淪爲政治的傳聲筒，用政治分析來代替文學敘述的小說因此層出不窮。

趙樹理的《三家灣》發表於一九五五年，小說透過對兩個家庭的對比描寫，揭示「封建宗法制度」和「新的社會潮流」兩種思想的衝突。小說是圍繞著兩種思想、兩種關係、兩類家庭、兩類生活方式展開的。王金寶一家參加集體生產勞動，是農村經濟變革以及新的人與人的關係的反映，而馬壽多一家，力圖維護封建宗法制度的統治，與新的潮流對抗，最終瓦解。論者以爲它「熱情地歌頌了社會主義新生事物的勝利，展現了社會主義農村的理想前景」（張鐘，洪子誠等合著，一九八六，頁三七二），「眞實而深刻地反映了社會前進的力量」（頁三七四）。

這種社會前進的力量建立在一種以社會主義爲最後的完滿結局的思想上。這裡體現了馬克思主義的時間觀：人類的歷史是一

個以原始社會爲起點的、從低級走向高級的時間流，因而在這種
流程中，就一定會發生兩種極端的的對立：一種是順乎歷史潮流
和推動潮流的力量，也就是革命的力量；一種是違逆歷史潮流的
力量，也即阻礙歷史潮流的力量，因而是反動落後和腐朽的力量。
這兩種力量就代表兩種不同的階級，由此便可以找出妨礙社會進
步的反動分子。反動分子是舊制度的代表，是「歷史罪人」。爲
了國家的進步和發展，代表進步的革命分子應運而生，清算歷史
罪人是理所當然的愛國表現，可不論使用的手段是多麼的殘酷和
冷血。這種觀念和思想成了「廣義革命小說」的精神力量❸。

　　浩然的《艷陽天》出版於一九六四年，其內容是以一九五七
年夏季「反右」鬥爭形勢爲背景，描寫京郊東山塢農業生產合作
社麥收前後，圍繞「土地分紅」、「鬧糧」等事件進行的一場激
烈鬥爭。這場鬥爭，既有農業合作社黨支部書記蕭長春帶領貧下
中農與階級異己分子馬之悅、反動地主分子馬小辮之間奪權與反
奪權的階級鬥爭，又有以蕭長春爲代表的社會主義力量與溝北富
裕戶彎彎繞等資本主義自發傾向之間，在要不要走社會主義道路
問題上的矛盾與衝突（金漢等主編，一九九四，頁二三三）。小說是
以「鬥爭」爲主線，以毛澤東〈在延安文藝座談會上的講話〉所
謂「無產階級的人性」、「人民大眾的人性」的指示爲創作的指
導原則，傳達否定人性、肯定階級性和黨性的意識型態，小說已
經看不到人性，只有強烈的階級仇恨，劉再復認爲這種寫作形式
所遵循的準則是「絕對階級原則」（頁二○○）。小說的目的是在
現實生活中找到歷史罪人——「地主」。隨之而來的敘述公式便
是把地主扣上十惡不赦的反動帽子，於是，仇恨被合理化，鬥爭
被神聖化。對這種互相殘殺的社會現象，敘述者不僅沒有自覺意
識提出人道的思考或批判，而且一味的謳歌。例如趙樹理的《李

家莊的變遷》描寫活活打死地主李如珍的場面：

> 大家喊：「拖下來！」說著一轟而上去把李如珍拖下當院
> 裡來。縣長和堂上的人見這情形都離了座到拜亭前來看。
> 只見已把李如珍拖倒，人擠成一團，也看不清怎麼處理。
> 所有的說「拉住那條腿」，有的說「腳蹬住胸口」，縣長、
> 鐵鎖、冷元都說「這樣子不好這樣不好。」說著擠到當院
> 裡攔住眾人，看了看地上已經把李如珍一條胳膊連衣服袖
> 子撕下來，把臉扭得朝了脊背後，腿雖沒有撕掉，褲襠子
> 已撕破了。縣長說：「這弄得叫個啥？這樣子眞不好。」
> 有人說：「好不好吧，反正他不得活了！」冷元道：「唉！
> 咱們爲甚麼不聽縣長的話？」有人說「怎麼不聽？縣長說
> 他早就該死了！」縣長道：「算了！這些人死了也沒有茫
> 麼可惜，不過這樣不好，把院子弄得血淋淋的！」白狗說：
> 「這還算血淋淋的？人家殺我們那時候，廟裡的血都跟水
> 道流出去了！」。（轉引自劉再復，一九九五，頁一八八）

這段血淋淋的場面是以一種「冷靜」的近乎冷血的敘述文字完成
的。在這裡看不到敘述者的同情和正義，縣長和冷元的微弱反對
聲調不過是爲了引出復仇的理由和替血腥的鬥爭找辯護。敘述者
的背後有一個強大的歷史必然律爲支點：歷史是無情的，爲了歷
史的前進，不得不如此。羅蘭·巴特稱這種政治式寫作爲法國式
的革命寫作或「警察化寫作」，宣稱「(法國式)革命的寫作就像
是革命傳說的實體，它使人們震怖並強制推行公民的流血祭禮」
（李幼蒸譯，一九九一，頁八九），「在這裡寫作有著一種良心的作
用，而且它的使命是使事實的根源同其最立遙遠的僞裝物虛僞地
相符，方法是透過論證後者的實在性來爲行爲辯解。此外，寫作
這種事實爲一切專制政權所有，因此我們不妨稱其爲警察化的寫

作」（同前引，頁九一）。對於在共產主義的意識型態控制下的作者，他們除了為「政權」寫作之外，別無選擇。只有少數有自覺、意識到寫作的自由已經死亡的作者如沈從文、林語堂、周作人等，放下了筆桿。

「十七年」的政治高壓之下，文學已經向思想霸權完全投降，成了政治的順民，寫革命鬥爭的所謂歷史小說如《火光在前》（劉白羽）、《平原烈火》（徐光耀）、《銅牆鐵壁》(柳青)、《保衛延安》(杜鵬程)、《三千里江山》（楊朔）、《人民在戰鬥》（兪林）、《新兒女英雄傳》（孔厥，袁靜）等等，毫無例外的都是展示「我們的勝利是怎樣得來的」、「眞心實意擁護革命的群衆」、「歌頌革命英雄」的鬥爭主題。文學簡單的二分爲壓迫者文學和反壓迫者文學。一九六三年「寫十三年」的口號提出以後，在取材上只允許選擇十三年的社會主義革命和社會主義建設，時間設限在一九四九年至一九六二年的十三年內。其後，隨之而來的是「文學大革命」的十年。

文學大革命十年的文藝／文學的概況，可以一九六六年二月，江青受林彪委託在上海所發表的《部隊文藝工作座談會紀要》來概括。《紀要》提出所謂「文藝黑線專政論」，聲稱「這條黑線就是資產階級的文藝思想、現代主義的文藝思想和所謂三十年代的結合」。大舉討伐所謂「黑八論」，即：「寫眞實」論、「現實主義廣闊的道路」論、「現實主義的深化」論、「反題材決定」論、「中間人物」論、「反火藥味」論、「時代精神匯合」論、「離經叛道」論，力圖將文藝界掃蕩成一片「空白」，以開啓其「新紀元」（唐翼明，一九九五，頁六）。其中「根本任務論」、「三突出」和「寫鬥走資派」是四人幫反革命文藝思想的核心理論。

「根本任務論」就是把塑造工農兵無產階級英雄的典型當作社會主義文藝的根本任務，除此之外別無「階層」可以成為寫作的對象。換而言之，描寫的人物的類型只能是「高大全」（崇高，偉大，完美）。江青及其御用文人更設計了一套「文藝憲法」的三突出原則，即「在所有人物中突出正面人物，正面人物中突出英雄人物，英雄人物中突出核心人物」。所有的創作者都必須把握這三個原則。至於「寫鬥走資派」更是確立以文學／文藝作為政治鬥爭的工具。文學創作至此已經變成「幫派文藝」的樣本。

「四人幫」在強令推行自己的文學理論時，也積極策劃符合他們的文學／文藝創作，除了樣板戲和電影之外，一些小說如《虹南作戰史》、《初春的早晨》、《第一課》和《金鐘長鳴》等，都是按照主題先行，「三突出」的寫作模式，翻制出的公式化、概念化、模式化的作品。從創作思想和具體創作方法上看，這些小說以所謂「唯物論的反映論指導文藝創作」，以「塑造無產階級英雄典型」為根本任務，以「三突出」原則為基本創作方法。《虹南作戰史》甚至不惜以十六頁的篇幅給人物作思想總結，全書充滿政治說教，毫無生活氣息，每章開頭大講全國路線戰鬥形勢，再講本地鬥爭形勢，自始至終充滿了語錄和對語錄的解釋，是典型的四人幫所謂「領導出思想，群眾出生活，作家出技巧」這「三結合」的創作標本。

文革期間（包括十七年和文革十年）的小說充滿對語錄的引用，奉毛澤東的批示為神論，「最高指示」籠罩所有的領域。其實在日常生活中，我們的談話都是對他人的話語的回應、重複和引用，在這個引語（quoted speech）的過程，充滿著複雜的政治和意識型態的內涵。《毛語錄》的現象，正是巴赫汀所謂的「線性引語」。線性引語代表了封閉、獨白、大一統神權／王權的時

代，引語和引用者的話語涇渭分明。引語的語錄具有絕對的權威，神聖不可侵犯，因而是統治者維護其專制秩序的一個重要手段。「線性引語」在中國擁有非常豐富的歷史，帝王的旨諭是「聖旨」，必須以最莊嚴的形式來引用。君主統治結束，進入民國，也意味著現代化的開始。五四的「白話文運動」可視為對「線性」傳統的批判和反抗。可惜三十年代引入馬克思思想之後，即又變相的回到封建時期，再度的「線性化」。到《毛語錄》成為人人必讀的圭臬之後，毛澤東已經牢牢的掌控人民／知識分子的思想。所以文革時期的小說對「毛主席」所說的話無不視為至尊的「聖諭」，常以直接引語❹的形式引用，如「毛澤東同志指出：『槍桿子裡面出政權』」，「毛主席，您是我們心目中的紅太陽」，「親不親，階級分」，「忠不忠，看行動」等的太陽頌歌和口號的泛濫。

本節論述中國大陸在馬克思主義霸權下的文學獨白時代，指出這時期的小說在創作方法上，都表現出「社會主義現實主義」的統一同質性，明顯的表現出下列獨白式的特徵：㈠所有的作品毫無例外都有一個先驗的意識型態作為創作的指導原則，作者遵循馬克思主義的時間觀和創作觀，視創作為改造社會的工具，進化是最終的目的，因而作品變成政治的載體；㈡作品以工農兵為絕對化的大眾原則，大眾原則的權威一旦確立，就成為霸權式的獨白，不容許異質性（heterogeneous）的「他者」（the other）存在。他者成為一種異端，也即是反動分子，必須被批判、鬥爭；㈢作品人物簡單的二分：「歷史罪人」和「歷史英雄」。罪人的定義是違反歷史進步和發展者，因而是被批鬥、沒有發言權和申辯權的一方。在這個大前提下，所有殘酷而不人道的手段都是合理合法的。這種以流血為祭禮的冷文學不過是為現代政治鬥爭史

作圖解，已經失去了文學的超越性和人道／人性的光輝。

第二節　新時期小說的複調敘述

　　獨白時期的文學和政治的關係緊密相連，因而在一九七六年四人幫下臺，文化大革命結束之後，隨著政治氣候的轉變，文學也經歷了一場質變。從政治和文化霸權解放出來的新時期文學，儘管「傷痕」累累，仍未掙脫獨白意識型態的束縛，但是作者已經走出階級鬥爭和革命的政治牢籠，他們重新審視「人」的問題，焦點再度回到對「人」的尊嚴和價值的思考上。

　　這個時期的文學以盧新華的短篇小說〈傷痕〉為新的起點，其後在一九七七到一九七九年產生數量眾多、被稱為「傷痕小說」的作品。這些作品訴說一個相同的主題——史無前例的苦難和苦悶的時代——因而劉再復認為傷痕文學實質上是一種受難文學（一九九五，頁一三），它控訴和渲洩一個藐視人性／人權的時代。在時間上，它與文革的時間距離太近，對文革依然懷著深仇大恨，並不足以讓創作者冷靜的思考。文革的浩劫使傷痕文學無法冷靜地批判，也就無法去思索導致悲劇的前因後果，所以傷痕文學的內容不離暴露、歌頌、申冤和訴苦；在思考模式上，也尚未跳脫事情因循的簡單進化論，語言和文體意識並未甦醒。然而它的價值在於為十年文革留下了文字見證，人性和人道主義的曙光已經隱約可見。無論是盧新華的〈傷痕〉，劉心武的〈班主任〉或是白樺的〈苦戀〉，作家們已經開始抨擊「文藝是階級鬥爭的晴雨表」的觀念，這裡面已經包含著對人性和人道的初步反思。

　　繼之而來的反思文學，則更進一步把批判的時間範圍推前到文革前的十七年，這個時期對文革的批判逐漸深化，它所涉及的

題材有兩類：一類是以五八年「大躍進」爲開端的歷史，另一類
則把五七年「反右鬥爭」擴大爲對知識分子命運的反省。往昔的
階級問題被現實問題所取代，作品的人物由英雄領袖易而爲有血
有肉的凡人或小人物。王蒙的〈布禮〉和〈蝴蝶〉、高曉聲的
〈李順大造屋〉、張一弓的〈犯人李銅鐘的故事〉、茹志鵑的
〈剪輯錯了的故事〉、張賢亮的《綠化樹》和《男人的一半是女
人》是這時期的代表作品。葉稱英認爲傷痕和反思小說的區分在
於後者因哲學的憂患意識之介入，進而導致題材和主題的變化，
正是這種哲學反思使傷痕文學昇華（一九九〇，頁二〇）。進入反
思時期，作家有意識地開始尋找獨白以外的、語言／形式上的
「他者」。這個轉變意味著獨白時代已經跨入歷史，複調時代開
始成形。

　　複調（polyphonic）是巴赫汀用以描述杜斯妥也夫斯基創作
的美學用語。複調原是音樂上的專有名詞，指的是由兩個或更多
互相獨立的聲部的音樂，與主調音樂有別。在複調音樂中，能聽
出各聲部是獨立進行的；在節奏上，它們互不依靠。複調音樂尤
指各聲部關係密切、互相補充，彼此間有相互作用的力度關係的
多聲部組織體，這樣一來，它所產生的能量不易停頓，因而使主
調音樂和弦及功能和聲力量得以進入，尤其在複調作品的結束部
分（廖瑞銘主編，一九八七，頁二三〇）。巴赫汀用這個名辭純粹是
一種「文字上的類比」（graphic analogy）或譬喻（metaphor），
用以說明杜斯妥也夫斯基的小說創造了一種作者（自我）與主角
（他者）平等的對話、交流關係，不同的主體之間擁有各自的聲
音，因此構成了雙聲部或多聲部的複調關係。作者和主角不分主
從，主角亦非作者的代言人，他擁有絕對的自主權和發言權。正
是在這種基礎上，主角和作者以及其他的角色得以產生平等的對

話和交流（*Problems of Dostoevsky's Poetics*，頁七，以下簡稱*PDP*）。作者筆下的主角和作者一樣，是一個具有自覺意識、獨立的主體（autonomous subject）。作者創造了主角是因爲他意識到每個人的自覺意識永遠處在未完成和不確定狀態，只有在與主角的平等對話中，作者才能實現其自己的自覺意識。爲了完成自我，必需創造一個他者。巴赫汀認爲杜斯妥也夫斯基的複調小說世界是一個只有相對主體的世界，主體與主體之間是相互對話，相互補充，同時並存的關係。

　　巴赫汀指出，複調小說誕生的條件，是社會危機深重，矛盾與衝突尖銳化的「災難性」（catastrophical）時期，或歷史的轉型期。巴赫汀這樣描述杜斯妥也夫斯基創作的時代氛圍：

> 複調小說的確只能產生於資本主義時代。更確切地說，俄國才是複調小說生長的最佳土壤。資本主義在俄國的立足幾乎是災難性的，它觸及了廣泛的未曾觸動過的世界和階層。這些世界和階層在資本主義逐漸的侵蝕中，並未像西方那樣，減弱了自己的孤立性。在俄國，社會生活的演變矛盾百出，無法再被自信而冷眼旁觀的獨白意識所框限，而必然表現得異常激烈。同時這些被拋掉了平衡、相互衝撞的世界，亦呈現得異常生動，異常鮮明。這樣就創作了複調小說多層次、多聲部的客觀前提。但是考斯並沒有把他的問題解釋清楚。這裡所說的「資本主義精神」是以藝術的語言來表達的，特別是指用某一種不同類型的小說語言來表達的。（*PDP*，頁二〇）

在這樣的歷史時代氛圍中，主體強烈地意識到他者聲音的存在，以及建立自我主體性的必要。爲了確立自我意識而創造的小說，必然是在話語和形式上突破獨白的意識型態框架，打破傳統單一

／統一的書面語／雅言、典雅風格的封閉和向心力(centripetal
force)的對話式小說。至於主體的建立，則牽涉到「文學主體性」
的人本主義觀點。這個議題在新時期文學自有其深刻的面目和內
涵。五十年代，有胡風的主體性理論的提出，在文學史進入複
調時代的八十年代，劉再復於一九八五年又再舉起文學主體性的
旗幟，它適逢大陸自毛語錄的宰制下鬆動的分崩離析時代，更具
有特別的意義。大陸近四十年的封閉、權威和大一統，對文學
和社會的高壓鉗制，早已消滅了一切雜音，這使得馬克思的意識
型態成為指導一切的標準，宣傳文學和頌歌文學的「過量符化」
（overcoded），使創作者和讀者牢牢的被社會中泛濫的符碼所掌
控。文人是意識／政治的傳聲筒，讀者／大眾沒有任何閱讀的自
由，因而淪為被文本教育的對象。在這種強大的向心力和中心話
語的社會中，「人」(包括作者和讀者)沒有任何「主體」可言，
更遑論文學的主體性。

　　前面提到，在以「人」為主體的傷痕文學出現後，亦即標誌
著人性和人道主義的重新發現，複調時代開始，獨白時代結束。
在這股「使人的太陽重新升起」的潮流中，一場關於「異化」的
討論是必須論及的。「異化」本是指一個哲學概念，就是主體在
發展的過程中，由於自身的活動，產生出自己的對立面；然後這
個對立面又變成一種外在的、異己的力量，轉過來反對乃至支配
主體本身。黑格爾和馬克思都使用過這一概念。唐翼明以為大陸
新時期的部分理論家和文評家都援引這個概念來揭露和批判中共
社會的陰暗面（一九九五，頁四八）。這場論爭導源於對異化現象
不同的解釋，而主導這場論爭的，仍然得回歸到文學和理論界企
圖擺脫中心政權的控制上。但是無論是周揚所謂的「肯定社會主
義和共產主義，反對一切形式的異化」，或是王若水所謂的「文

藝應該對現實生活中的異化（如官僚主義、個人迷信、特權等）
提出抗議和批評，而不應該肯定和讚美異化」，或是如有的評論
家所說的，既然社會主義社會存在著異化，那麼對於異化現象的
揭示，就有助於文學創作的深化對社會生活的反映等觀點❺，都
是意味著另一種聲音的出現。

　　審視巴赫汀的對話理論，我們發覺它其實是一種主體論。他
一生的著述，一直是圍繞著主體的建構和主體之間的對話來探索
人與人之間的相互對話和相互理解。只有和主體產生對話的「他
者」形成，才能建構具有自覺意識的主體和自我，完成社會建構
整體的全部過程。「他者」是一種自覺意識，這種自覺意識使主
體成為一個能動、發展、建構的過程，使人類互相交流、對話和
溝通。主體不是上帝所賦與的、先驗的（transcendental）或形而
上的存在或實體。在主體與主體交流的過程中，就會分別以其獨
特而不可替代的感性體驗，使得主體的「外在性」（outsideness）
成為可能。這種個人的獨特體驗，巴赫汀稱為「視域剩餘」（sur-
plus of seeing）（*Dialogism*，頁三〇～三七）。外在性則是主體
的自我對於他者在時間和空間兩個層面上的外在，也是審美過程
中作者創造主角的根本條件，唯其如此，作者才能創造出一個整
體的、涵蓋了各個不同側面的主角。

　　主體的建構是通過作者對主角的外在、整體認識，或者自我
與他者相互外在而又相互對話的過程來實現的。換言之，主體實
際上是指「作者」和「主角」這兩個部分構成的。作者必須透過
外在於他的自我之外的主角(他者)才能全面整體地把握、完成、
認識甚而超越自己，從而達到一種「超在」（transgredience）
的境界。不過，這種「超在」只是一種最高的美學理想，在現實
生活中，在倫理和認知的世界上，「自我」永遠不能完全徹底地

超越於他的另一半——「他者」，而他者也不可能完全徹底地超越「自我」。自我和他者，作者與主角必須共同參與創造，使不相同的意識交流，互相補充而共存。從這個角度來看，巴赫汀的對話美學是一種強調社會性，反對個體心理直覺主義的美學理論（Michael Holquist，一九九〇，頁一五～三七），它和形式主義批評不一樣的地方正是在後者割裂了歷史和社會氛圍，而巴赫汀卻是從形式出發，以歷史內容為目的。由於巴赫汀觸動的主體問題一直是大陸長久以來的「禁忌」，劉康以為，相對於台灣和香港對巴赫汀的推介和重視，大陸對巴赫汀則顯得沉默，是一個「十分有意思的現象」（一九九五，頁一〇）。

　　新時期的文學評論者所熱衷討論的一個重要議題，正是如何回復文學「主體」、「人道」這個主題。從傷痕文學開始，作者已經走上尋找他者的路，文學理論和批評界也在這方面推波助瀾，對一些描寫人性、突破政治禁區的創作大加推崇；再則是文壇上開始出現在技巧上翻新傳統寫實主義的作品，尤其是小說。仔細分析這時期的小說語言和話語所呈現的多樣性和多元化，其實它們也正是社會轉型的表徵。這種現象和巴赫汀的觀察吻合——他認為小說的話語最全面、完整地展現了社會語言的變化，小說裡的眾聲喧嘩是對社會的眾聲喧嘩最全面的再現。「複調小說」、「獨白小說」或「對話小說」等，都是巴赫汀用來揭示小說話語中社會眾聲喧嘩的不同方面。

　　從巴赫汀所啟發的思路來檢視大陸文化／文學的變遷，可以發現這樣的一條歷史發展進程——一九七六以前的近四十年，基本上是文學的獨白時代，七六年之後，隨著政治氣候的改變，文學史上所謂的傷痕文學再度對「人」的問題加以反省和重視，表明知識分子／作家對自身在價值認識上的變化。論者多以為新時

期文學彷彿是對「五四」初期文學的遙遠的回應，它再度同時並存著兩種互為對立的思潮：一種是對人性飽受殘害的憤怒，對人的價值充滿人文社主義色彩的肯定和頌揚；另一種是對人性一度陷於泯滅的自譴。人們在文革的浩劫中一方面是受害者，一方面又是參與者，時代造就了這種無法彌補的雙重人格，使得文學的良知無法迴避這段歷史。這種對歷史的反思是一種自覺意識，也即是巴赫汀所謂對「他者」的創造，同時意味著對話戰勝獨白的新時期降臨，陳思和把這種反思稱之為「帶有現代意識成分的懺悔」（一九九〇，頁一七二）。

　　文學進入複調時代的關鍵，巴赫汀觀察歐洲希臘文明向羅馬文明過渡轉型期時期的標誌，認為是「文化語言與情感意向從單一和統一的語言霸權中獲得了根本的解放，從而使語言的神話性趨於消失，語言不再是思想的絕對形式」（*The Dialogic Imagination*，頁三六七，以下簡稱*Dg*）。由於語言的意識型態中心解體，社會中各種豐富的、不同的語言得以從封閉、僵化、自足的現有體系和框架中掙脫出來，這股離心（centrifugal forces）的力量衝擊、顛覆、瓦解了中心權力的獨白式話語，使得文化／文學呈現了「伽利略式」（Galilean）的眾聲喧嘩景象，形成「大說」式微，「小說」鼎盛的時代，巴赫汀稱之為「小說化」（novelistic）時期。

　　巴赫汀從語言的角度出發，認為歐洲的文明是從「史詩」到「小說敘述」的歷程。史詩所代表的世界是單一語言或獨白話語，在文化上是「半父權制度社會」（semipatriarchal society），是一種遙遠的大一統的過去，這種語言的單一表現了向心力的傾向，蘊含著對至高無上的權威的臣服。但是巴赫汀從大量的典籍裡發現，語言多元（polyglossia）的現象實際上是先於語言單

一（monoglossia）而存在的：

> 語言多元一直存在，（它比純粹、經典的語言單一）古老很
> 多，但是語言多元並未成爲文學創作的一個因素，對各種
> 語言有意識的選擇並未成爲文學及語言過程的創造泉源。
> 古希臘對不同的語言和不同時代的語言以及方言皆有所感
> （悲劇就是一個語言多元的類型），不過創造意識卻只是
> 在封閉和純粹的語言中實現(雖然實際上語言是混合的)。
> 語言多元在各種文類裡是已經被挪用和經典化了。
>
> （*DI*，頁一二）

從語言單一並不是文明的起源這個觀點出發，巴赫汀發掘了各種
不爲人知、不受重視、俚俗乃至於猥褻的民間笑話，蘇格拉底的
幽默哲學對話、喜劇、梅尼普諷刺（Menippean satire）等。他
從這些在當時被視爲邊緣、不入流的文類中，發現了語言多元的
聲音，也即是眾聲喧嘩的聲音，因而引發他對「小說」的思考。

　　巴赫汀對小說（romance；novel）的定義，不是指歐洲由文
藝復興時期至十八、十九世紀演變的長篇小說形式，而是泛指早
在古希臘羅馬時代就已存在的散文敘述類型，並且是一個不斷發
展的文類（developing genre），它自由和開放的空間、未完成
（unfinished）的特性，廣納笑話、諷刺、幽默、戲謔等手段，
乃至於嵌入其他文類的雜糅和包容性，使得鄙俗俚語以及各方言
土語等民間語言和史詩式的中心語言相互衝撞，迸發出眾聲喧嘩
的火花，創造了語言的狂歡節，並且使羅馬時代由單一古希臘文
向羅馬的拉丁文多種方言過渡。小說因此是和現實的脈膊緊緊相
扣的。由此我們也可以看出，巴赫汀主要是從語言風格的話語形
式面來爲小說下定義的，他認爲小說類型的根本特徵，即是對眾
聲喧嘩、語言多元化現象的融合。這種不斷發展、不斷變形的類

型，是一股強大的離心力量，向史詩語言中心論、語言單一和向心力提出強大的挑戰，打破史詩的神話，從而進入活生生的現實社會。

　　雖然巴赫汀對話語的思考是從小說出發，但是在他發現敘述方式是由史詩向小說轉變時，巴赫汀實際上是對社會文化的嬗變作了獨特的觀察。語言是意識型態的載體，是離心和向心，中心與邊緣的意識型態角逐的場域。語言在客觀物質世界中有其根本的社會屬性，而非中性、透明、客觀的存在。巴赫汀認為語言的物質性和現實性使得我們掌握語言時，其實也是掌握了社會和文化的脈動。對生活話語和藝術話語作形式的、內在的意識型態分析和歷史的分析，這是巴赫汀對待語言的態度，因此眾聲喧嘩不但是文學語言的理論，同時也是對社會文化現象轉型的觀察，所以他把文化轉型與變遷時期稱為「小說化」時期。

　　眾聲喧嘩的大前提是另一文化、另一語言的滲透與加入，這個「他者」成為一種離心的力量，使封閉的文化意識到其他文化與語言的存在，自己僅是眾多文化中的一員，從而在與其他文化交匯的的時候，產生對話，使封閉的中心意識解體。所以獨白時期的小說必然將眾聲喧嘩排除在外，表現封閉和向心的文化意識，這就是所謂「大說」專權的時代。與此相反，複調時期則是權威話語與非中心話語的語言離心力量較量爭奪，互相滲透、相互融匯的時期，「大說」的解體使「小說」得以充分糅合當代現實世界中的眾聲喧嘩，無論是表現在政治、文化或是文學上，也都是一個充滿活力，蓬勃發展的時代。回顧中國的文化／文學史，印度佛教的東傳，為中國的文化注入了新的活力；變文這種來自佛經的講唱文學，與中國的文學產生對話之後，它講唱的經文內容漸漸由史料故事所代替，藉由這種對廣大群眾具有強大滲透能

力的傳播形式，豐富了民間文學的內涵。宋人話本在形式上受了變文的影響，唐、五代和佛教起過文流的口語對古漢語的研究亦是十分重要的參考資料。

　　大陸從文革一元統一的封閉文化走出來，也立即面臨與世界文化交流和對話的局面，在文學上，則進入一個對話美學的時代。西方現代思潮的引進，使處於開放期(相對於毛時期的封閉)的文壇立即起了不小的衝擊，一批中年作家和評論者如王蒙、諶容、張潔、高行健、李陀等率先引進和吸收了一些西方現代的文學觀念和表現手法，爲後來的「先鋒文學」作了開路工作，他們可說是中國當代小說多元美學的先行者。隨著文學回歸本體的要求，促使愈來愈多的創作者和評論者對文體進行探索，對於傳統「主題先行」——即文學強調和突出思想內容，形式應內容而出現——的論調產生質疑。形式具有獨立於內容的意義，這是大陸新時期文學的一個重要命題。

　　文體探索在新時期一共有兩次，一次是一九七九年以後，以王蒙爲首的一批作家的創新試驗，他們借鑒西方現代派文學中的意識流手法，創作了一批令人耳目一新的作品，如王蒙的《夜的眼》、《蝴蝶》、《春之聲》和《海的夢》等，諶容的《人到中年》、茹志鵑的《剪輯錯了的故事》和《草原上的小路》。第二次是一九八四年後，隨著尋根文學的興起，作家的文體意識更加自覺，無論尋根作家所尋的根是傳統文化、鄉土文化或市井文化（譬如莫言、韓少功、李銳、鄭義、賈平凹、李杭育、鄧友梅、汪曾祺、陸文夫等），乃至中國文化傳統非主流體系的西部文學（如以魔幻寫實手法寫小說的扎西達娃等），他們都已經超越傷痕和反思時期對文革的譴責和追悔，試圖去挖掘被文革埋葬而成爲禁忌的「根」。他們的小說已經不再囿於舊有的寫實主義手法，

轉而在形式上求新求變，作高度的實驗性。

　　我們發現，形式的革新往往與一定的社會文化型態相聯繫。換言之，形式本身亦是一種意識型態；形式深刻的反映了文化對文學文本生產方式的制約與推動。趙毅衡認為，只有深入到產生敘述形式特徵的文化形態之中，才能真正理解一種敘述形式的實質。這點若能做到，形式文論就與文化學結合起來，形式文論就超越了自身的局限，敘述學就不再是一種小說技巧法研究（一九九五，頁九四）。換言之，趙毅衡認為形式不是手段，它本身就是意義；但是他又指出，形式的文化意義是隱蔽的，理解作品形式的文化意義，實際上是對作品的反理解，是暫時擱置其內容意義，是對敘述文本的自然狀態揚棄(同前引，頁一○二)。從毛澤東時期的單一寫實形式到西方的現代派技巧的多元形式的變化，我們確實可以釐出這樣一個隱蔽的文化意義，那就是中心意識的解體，與世界各種不同的文化交流，對話場域的開放，文化進入眾聲喧嘩的階段，在文學上則是複調的美學原則時期。因而先鋒派著意創造的是困難的新形式，以保持其顛覆性，在藝術上它總是與流行、佔主導地位、體制化的，被大眾所接受的藝術程式針鋒相對。

　　莫言在形式上以魔幻寫實、意識流等的現代派手法著稱，文評家們無論是著眼於他對高密東北鄉的書寫而把他劃入尋根文學，或是因其形式具有的顛覆性而以先鋒文學稱之，這兩個範疇的關鍵仍是在他所使用的語言。莫言語言的怪誕除了他自己自陳得益於馬奎斯魔幻寫實主義之外，巴赫汀對拉伯雷的怪誕現實主義小說的看法亦提供了讀者另一條理解莫言的途徑。對拉伯雷極端的誇張語言，巴赫汀曾作了詳盡的分析。莫言文字的狂歡化特徵，和拉伯雷一樣體現了轉型期文化的反叛和顛覆。筆者第四章擬就「狂歡化」話語策略作進一步的論述，以建立第五、第六章的理

論基礎。

【註釋】

❶巴赫汀在談論小說中的人物時，不用「人物形象」或「性格塑造」，而用他自己所獨創的批評詞彙「主角」或「英雄」（hero）。

❷一九三零年，郭沫若刊行《中國古代社會研究》，將馬克思主義正式引入中國史學界，所以馬克思主義在取得政治霸權之前，已經在史學和社會理論方面牢牢地控制了思想文化。五四時期，是一個思想解放的年代；儒家思想隨著所依附的政權的崩潰而失去在社會中的主流地位，留學西方的青年學生回國後紛紛傳播他們所理解的西方思想，一時文化思想界處在百花齊放的局面，大有重演「道術爲天下裂」的春秋戰國時代。各種主義和思潮在重估一切價值的時代激烈對話，就是在這種百家思想爭鳴的時候，馬克思主義挾著足以對中國的實際現況提出解決方法的誘惑，以其思想體系的「全盤性」和「普遍性」特點，深入政治、歷史、社會、經濟和文學等各方面（劉再復，一九九五，頁一四三～一五○）。

❸廣義革命文學，是指本世紀從創造社開始的，以革命政治意識型態爲靈魂的文學系統，其中包括三十年代的左翼文學、四十年代的延安文學和四十年代以後的社會主義現實主義文學。

❹直接引語指有引導句和引號的引語。如：鄧小平同志指出：「不管黑貓白貓，只要會捉老鼠的就是好貓。」

❺在這場異化的論爭中，周揚儘管一再申明社會主義的異化和資本主義的異化不同，強調社會主義制度是能克服異化的，但是他的異化觀點仍然遭到了批評。黨內的資深意識型態專家胡喬木發表了〈關於人道主義和異化問題〉一文，不指名地對周揚進行批判（胡文原見《人民日報》，一九八四年一月二十七日）。胡文代表了中共最高領導層的態度，所以「異化」在當時被視爲「精神污染」而必須被批判。

第三章　溯源：從高密到「高密」

第一節　文本／現實的原鄉

　　莫言原名管謨業，一九五六年農曆正月二十五日，出生於山東高密縣大欄鄉平安莊管家裡。莫言在管氏家族裡排「謨」字輩，所以家裡給他取名叫管謨業。他的筆名就是拆自「謨」字。當年管家是上中農，成分不好，經濟的貧困和政治的歧視帶給莫言極不快樂的童年。他父親有中國傳統文人清正廉潔的性格，加上上中農的地主身分，使他加緊對子女的約束，很少給子女笑臉。莫言做錯事就得挨揍。因此儘管莫言是兄弟姐妹四人中的老么，卻感受不到家庭的溫暖。

　　莫言出生時，那個大家庭裡已有四個孩子，後來他的嬸嬸又生了三個小孩，莫言在家裡的地位更無足輕重。他的母親爲了顧全大局，也不能偏愛他。飯量奇大的莫言常常吃不飽還得挨罵。最讓莫言難忘的一件事情就是一九六一年的春節，母親用積攢了半年的幾斤白麵蒸了五個餑餑，擺在院子裡當供品。去收的時候，五個餑餑卻不見了。莫言和母親哭了一晚，還背了偷吃偷藏的嫌疑。這事莫言把它寫成短篇〈五個餑餑〉(一九八五)❶。除此之外，在大躍進的困難時期，母親爲了得到幾斤麩皮，到食堂去推磨。由於牲口都死了，只有用人力。體重不足七十公斤的母親推著推著就暈倒在磨道，爲了支持體力，抓一把生糧食吃了再推。

一天下來腿腫得粗大，幾乎都無法走路了。〈石磨〉（一九八五）
寫的就是這件事。

　　無愛的家庭和現實生活中的重重陰影，在莫言心裡留下烙印，
孤獨的生活，物質的匱乏，這些都是後來莫言小說一再出現饑餓
和痛苦的原因，也促使莫言變得沉默內向。他解放軍藝術學院文
學系的同學朱向前，把莫言描寫成一個具有「一顆天眞浪漫而又
騷動不安的童心，一副憂鬱甚至變態的眼光，寡言而又敏感多情，
自卑而又孤僻冷傲，內向而又耽於幻想」（一九八六 a，頁二五五）
的創作者。莫言的記憶中沒有童話世界，只有美麗的幻想，趙玫
認爲〈透明的紅蘿蔔〉裡沉默不語、逃離人世的困擾、一心一意
生活在自己建構的心靈王國裡的黑孩就是莫言的化身（賀立華、
楊守森編，一九九二，頁三六）。

　　這樣的生活除了使莫言回到自我的內心世界，還使他產生了
叛逆的性格。這種性格表現在兩件事情上：第一件是在他的散文
〈大肉蛋〉（一九八六）中提到，他沒有遵照父親的命令把雛雀丟
掉，而把雀鳥埋在草垛裡，再用草堵住洞口，當成是對父親消極
的反抗。第二件是他在讀書的時候，又曾經因爲把老師稱作「奴
隸主」而受到處罰。關於這一段經歷，莫言曾這樣對趙玫描述過：

> 上小學的時候，我就糾集過一伙人反對老師，還辦過一張
> 小報兒，我按捺不住，全部的動機就是爲了突出我自己，
> 也許是由於情況太糟，心情太壓抑……（同前引，頁三九）

從反抗老師到辦報紙，這裡埋藏了莫言創作的伏筆：他由反叛而
自我表現，想藉此來證明自己的存在。長大之後，莫言把寫作看
成是自己存在的證明：

> 我的寫作動機一點也不高尚……當初就是想出名，想出人
> 頭地，想給父母爭氣，想証實我的存在並不是一種虛幻。

（同前引，頁三八）

　　儘管如此，莫言的童年也有快樂的一面。這快樂的泉源來自莫言的爺爺。據莫言的大哥管謨賢表示，與莫言同住的爺爺，是他創作的啓蒙老師（賀立華、楊守森編，一九九二，頁四）。莫言的爺爺是個典型的農民，而非《紅高粱》裡「我爺爺」那樣驍勇善戰，打日本鬼的「土匪種」。老人守家雖然不識幾個字，卻有滿肚子的野史學問。他常常給莫言講故事，從三皇五帝講到滿清民國，無論名人逸事或是神狐鬼怪，他都能講得活靈活現。莫言的爺爺爲他展現了一個神奇的五彩繽紛的世界，後來這些故事不少已被莫言寫進了小說中；甚至莫言的爺爺那典型的農民形象，也常出現在莫言的小說裡。

　　莫言在一九八四年爺爺去世之後的家信裡說：

> 我至今不能忘記祖父帶我去割草的情景以及他那戴著花眼鏡用青筋暴露的手揮動斧鑿的形象。他這種吃苦耐勞的精神，正是我最缺乏的。……前幾年我在家時，經常和他啦一啦，故意請他講些古今佚事，所以頗得他的歡心，我也受益匪淺……。（同前引）

莫言這裡所說的「受益匪淺」，指的就是他爺爺所講的「古今佚事」供給他許多創作小說的材料：

> 爺爺才是莫言的第一個老師。莫言作品中絕大多數故事傳說都是從爺爺那兒聽來的。如〈球狀閃電〉裡舉子趕考救螞蟻，〈爆炸〉裡狐狸煉丹，〈金髮嬰兒〉裡八個泥瓦匠廟裡避雨，〈草鞋窨子〉裡兩個姑娘乘涼，絛帶疙瘩成精，〈紅高粱〉裡慕翰林出殯等等。如果把爺爺講過的故事單獨回憶整理出來，怕也要出一本厚厚的《民間故事集》呢！

（同前引，頁二四）

另一位影響莫言創作生命的,是他奶奶。莫言的奶奶也姓戴,但卻不是《紅高粱》那位敢公然違抗整個傳統禮教、和「土匪種」野合的戴鳳蓮。然而,戴鳳蓮的堅強能幹,善剪窗花等特質,卻隱約可見莫言奶奶的影子。從奶奶那裡,他受到了濃重的高密鄉土文化的熏陶。莫言的爺爺是他的第一位啓蒙老師,大哥管謨賢則是第二位。他留在家裡的書本、小說雜誌,甚至是作文本,都是莫言在勞作幹活之後的讀本。

莫言在十二歲的時候輟學,卻仍然想盡辦法讀書和自修。他把村裡流傳的小說如《三國》、《水滸》等書看完,連一本《新華辭典》「也覺趣味無窮」(張志忠,一九九〇,頁一九)。後來在家裡發現他大哥的全套教科書,更如獲至寶。莫言在給張志忠的一封信中,曾經這樣描述過自己的這段經歷:

> 後偶而發現家中一破箱中裝著我大哥讀中學時的全套教科書,便如獲至寶,日日翻看,數學化學自然是看不懂了,但漢語和文學(當時中學的語文教材一分爲二)、歷史,生物學等課本則是無一遺漏地看過。尤其那三本《文學》,上面有很多文章,像曹禺的話劇《日出》片斷,普希金的《漁夫和金魚的故事》,安徒生的《賣火柴的小女孩》、魯迅的《鑄劍》等都給我留下了深刻印象,連毛澤東的文章《反對黨八股》、《改造我們的學習》,也看得爛熟。再如一些流行小說如《林海雪原》、《青春之歌》、《紅日》、《保衛延安》、《鋼鐵是怎樣煉成的》之類,則是在小學三件級時都讀過了。《苦菜花》、《迎春花》等也是在七、八歲時讀的,看得廢寢忘食,誤了放牛割草便要挨罵。後來文革開始,更無書可讀,於是連中醫的書也拿來亂翻亂背,好些湯頭歌訣和藥性賦至今出口能誦。

（引自張志忠，一九九○，頁二○）

以上對莫言成長過程的引述，可提供我們理解莫言的小說對毛澤東話語的戲擬、對童年視角的一再使用、演義手法的迷戀、擅長說故事以及豐沛的想像、繁雜的辭彙和嬉笑怒罵的俚俗特性等的諸多線索。本文也將對於莫言一再重構的山東高密縣作一扼要的敘述，以便更進一步探討莫言小說文本與現實原鄉的距離，是如何以敘述的歷史來彌縫，進而建構起跨越現實、存在文本裡的高密東北鄉。張寧在〈尋根一族與原鄉主題的變形——莫言、韓少功、劉恆的小說〉指出：

> 原鄉一直以來是一個古老的母題，沿著這個母題，人類以不同的語言和表達方式說了數不清的故事。以「異鄉人」的身份追溯原鄉是它基本的模式。原鄉往往是一種被對象化了的複雜的情感意象——它是家、是祖先流動的血脈，是一種根植在每一個「原鄉人」生命中的文化記憶，也許用弗洛依德的觀點來看是一種回歸母體欲望的象徵。原鄉從一開始便是由一種異己的力量——找尋原鄉的人構成的，沒有這種來自他鄉的距離，便也就無所謂原鄉的主題了。雖然追溯原鄉的人經歷的文化時空的質天差地別，但並同的一點是取自他鄉的經驗歷史回看故土的一切，從而用選擇性的符碼構築原鄉的意象。（一九九○ a，頁一五五）

莫言的小說正具備了張寧所謂「以符碼構築原鄉」的書寫特色。王德威就說莫言是「當代大陸作家群中，最動人的『說故事者』」（一九九五・六・一九，聯副，第三十七版）。莫言所說的故事，大部分將歷史空間構築在原鄉高密縣。原鄉的面貌常常是透過「我」這樣的敘述者來審視、觀照、陳述和評價鄉土社會過往的生存歷史。因而莫言的筆調並不是抒情的，他時常以批判、反諷、挖苦

等的激烈方式來與歷史對話。

　　實際上，莫言對高密的感情是複雜的。他在〈我的故鄉和童年〉中寫道：

> 十八年前，當我做爲一個地地道道的農民在高密東北鄉貧瘠的土地上辛勤勞作時，我對那塊土地充滿了仇恨，它耗乾了祖先們的血汗，也正在消耗著我的生命，我們面朝著黃土背朝天，比牛馬付出的還要多，得到的卻是衣不蔽體，食不果腹的淒涼生活。夏天我們在酷熱中煎熬，冬天我們在寒風顫慄。一切看厭了，歲月在麻木中流逝著，那些低矮、破舊的草屋，那條乾涸的河流，那些土木偶像般的鄉親，那些兇狠奸詐的幹部子弟……當時我曾幻想著，假如有一天，我能幸運地逃離這塊土地，我決不會再回來。

　　（莫言，一九九四ｃ，頁一○四）

莫言逃離「這塊土地」的方法，先是在棉花廠裡扛棉花包、做過棉花檢驗的工人，當過司磅員，也做過雜活。莫言自稱這段亦工亦農的生活使他開闊了眼界，對他而言是非常珍貴的；但是莫言並不甘心一輩子當扛棉花的臨時工。文革時上大學要靠推薦，而他是一個連中學都沒有上過的上中農，因而唯一離開農村的方式，就是去當兵。一九七六年，二十歲的莫言終於入伍成功。他這麼形容自己當時的心情：

> 當那些與我同車的小伙子流著眼淚與送行者告別時，我連頭也沒回。我感到我如一隻飛出了牢籠的鳥。我覺得那兒已經沒有值得我留戀的東西。……汽車停在一個離高密東北鄉只有二百華里的軍營，帶兵的人說到了目的地時，我感到深深的失望，多麼遺憾這是一次不成功的逃離，故鄉如一個巨大的陰影，依然籠罩著我。（同前引）

由此可見，莫言對那塊土地的強烈恨意。然而兩年後，莫言再次回來時，他卻「隱隱約約地感覺到故鄉對一個人的制約，對於生你養你，埋葬著你祖先靈骨的那塊土地，你可以愛它，也可以恨它，但你無法擺脫它」（同前引）。這裡出現一個十分弔詭的矛盾，莫言自以為在做著離開故鄉的努力，其實是不自覺的向故鄉靠攏。他自己也說：「一旦離開農村，離開土地，進入都市，將都市與農村進行參照，於是就產生了一種眷戀」（賀立華、楊守森編，一九九二，頁四〇〇）。這正是張寧所說的「原鄉從一開始便是由一種異己的力量──找尋原鄉的人構成的」。正是因為無法擺脫故鄉，莫言的才一再用符碼，從不同的角度來建構一個虛／實相生的故鄉。他也承認自己的小說「都是從高密東北鄉這條破麻袋裡摸出來的」（一九九四 c，頁一〇四）。

　　一九七八年，莫言在軍旅生活中開始了創作生涯。起先寫了幾篇以海島為背景的小說，但是莫言承認「我並不愛它們，也不恨它們」。莫言對它們毫無感情，而且很快的意識到自己「為了讓小說道德高尚，我給主人公的手裡塞一本《列寧選集》，為了讓小說有貴族氣息，我讓主人公彈鋼琴三百曲」，實際上，這些都是「極端錯誤地抵制故鄉的態度」（同前引）。每當他創作的時候，他得抵制故鄉的聲色犬馬和方言土語，故鄉在不斷的招喚他。這種來自他鄉的距離所產生的、對故鄉無法釋懷的情感，正是促使莫言意識到「我這個二十歲才離開了東北高密鄉的土包子，無論如何喬裝打扮，也成不了文雅公子，我的小說無論妝點上甚麼樣的花環，也只能是地瓜小說，其實，就在我做著遠離故鄉的努力的同時，我卻在一步步地、不自覺地向故鄉靠攏」（同前引）。自此莫言終於意識到自己對故鄉的情感是無從逃避的，要創作就得回歸那片令他愛恨交織的土地，就像在〈草鞋窨子〉（一九八

六)的附言所說的，「小說就是帶著淡淡的憂愁尋找自己失落的家園」。他進一步解釋說：

> 所謂「寫小說是帶著淡淡的鄉愁尋找失落的家園或精神的故鄉」之說，並不是我的發明，好像是一個哲學家說哲學如是。我不過挺受感觸便「移植」過來了。此種說法貌似深刻，但含義其實十分模糊，說穿了，文學是一種情緒，一種憂傷的情緒，向過去看，到童年裡去找，這種憂傷就更有神秘色彩。人如果太幸福了，怕是屁也寫不出來的，但痛苦過了度，也就離發瘋不遠了。淡淡的憂愁，是文學生長的好氣候，即使痛苦過度也應該希釋才是。

（引自張志忠，一九九〇，頁三一）

莫言的這段敘述至少說明了三個事實：㈠在時間上，童年這階段的記憶是他創作的泉源；㈡在空間上，「尋找失落的家園或精神的故鄉」，是促使他以敘述去建構高密東北鄉「歷史」的要因；㈢莫言認為小說創作是在適度痛苦的土壤和氣候裡成長的。故鄉對莫言的制約和他自覺無法擺脫故鄉的糾纏，是促使莫言在小說的創作過程中由逃避轉而正視它、書寫它的動力。莫言的書寫，與其說是回憶，不如說是一種尋找———種重新發現的過程。他試圖在尋找的過程中，用想像來改寫它、豐富它。李詠吟認為「莫言在選準山東高密鄉之後，幾乎獲得了一種穿透歷史的視野，把原始故鄉的狂歡、豪悍和神秘作了驚心動魄的發揮。因而創作在他們那裡既是一種歷史記憶，更是一種生命的凝神注目。原始故鄉裡的一切都成為他重構藝術世界的前提」（一九九五，頁三三）。莫言筆下的「歷史」，因此並不侷限於高密東北鄉這一地理環境，他在書寫原鄉時，同時也在「重構藝術其世界」。他重構的主體性「歷史」於是就成了與中共的「大敘述」對話的異質

性聲音。

　　高密是一個十分獨特的地方，泛神論的動、植物崇拜意識很盛。在民間信仰中，刺蝟、狐狸、黃鼠狼、蛇蟲、蜘蛛、喜鵲和古樹等等，被視爲靈異之物，受到人們的崇拜與尊崇。從文化歷史來看，上古的高密是齊魯文化的所在地；齊地臨海，靈物崇拜，術士巫風很盛。以談論狐妖鬼怪而聞名的《聊齋誌異》產生於齊國故地，就十分順理成章了。鄒衍的「五德終始說」也是齊地的特殊文化。由此看來，「怪力亂神」正是這個地區的特色。莫言天馬行空的藝術特色，和獨特的感知世界的方式，或是繼承了這種傳統。此外，山東是孔孟的故鄉，倫理道德觀念尤其牢固。莫言認爲這個地方「是封建思想深厚博大、源遠流長的地方」，他承認自己「痛恨」封建主義，因而《紅高粱》裡爺爺奶奶白晝宣淫的一幕，實是對封建主義的反抗和報復(一九九二 f，頁四一一)。姑且不論莫言對孔孟思想的理解／誤解，不去評定莫言相信「文化制約著人類」的對錯，這又是一大促使莫言創作的誘因。

　　在生態環境上，高密是平原地帶，地勢低洼，河道密集，每逢夏季，常常鬧水災，適於高粱的種植。然而，這又是一片多災多難，飽經憂患的土地。歷史上，這裡是戰場，也是游擊戰場。日軍曾經血洗高密東北鄉，楊守森認爲，莫言寫《紅高粱家族》，應該受到歷史的觸發（賀立華、楊守森編，一九九二，頁四四）。莫言也認爲「高密東北鄉確實是個很有特色的地方，那裡的歷史充滿著尖銳深刻的矛盾，揭示這些矛盾將是我今後的重要任務」（一九九二 f，頁四一〇）。莫言的哥哥管謨賢也指出，儘管莫言作品中有時用了眞人的姓名，但往往是眞名之下無眞事。人與事之間張冠李戴，移花接木，或乾脆「無中生有」，似乎是聯想或想像而已（賀立華、楊守森編，一九九二，頁二二）。楊守森、莫言

和管謨賢所說的話所指涉的是同一個問題；創作時，真實與想像之間的彌補替換。創作儘管有時候可以直接取材自真實事件，但那也是經過想像之後的「真實」，想像往往可以豐富作品，彌補經驗世界的不足。莫言筆下的高密東北鄉，同時借助了想像建構而成。

莫言在受訪時曾表示，「所謂的高密東北鄉也不是原來的那個樣子，小說的世界是我創造的。我寫的不是我原來的家鄉，僅僅是借助了高密東北鄉這個名稱，活動的人物，生長的植物，都不是那裡的，這是我理想中的地方。」（賀立華、楊守森編，一九九二，頁四〇二）。又說，「一個作家難以逃脫自己的經歷，而最難逃脫的是故鄉經歷。有時候，即便是非故鄉的經歷，也被移植到故鄉經歷中」（一九九四 c，頁一〇六）。莫言所說的「非故鄉經歷」應該包含一切來自借鑑他人的、足以刺激他去想像、創造的間接經驗。正如蘇珊·郎格所說的：「一個小說家打算創造一個虛幻的經驗，完全編造的，充滿表現力的東西，它比任何『現代』問題都更重要，這就是：人類的感情，人類生命的性質。」（蘇珊·郎格，一九九一，頁三三四）。柯林烏在《歷史的理念》裡也曾說：

> 一位完美的歷史家必須具有充分強勁的想像力俾使他的敘事逼真動人。（一九九四，頁三二〇）

柯林烏這裡雖然說的是歷史家，用以指涉莫言的小說同樣貼切。莫言自己也一再強調「沒有想像就沒有文學」（一九九二 c，頁三九五）。小說裡詭譎奇異的想像正兌現了莫言的創作理念，他以天馬行空的狂氣和雄風，企圖超越現實的高密東北鄉，來重構想像／文本的高密東北鄉歷史。楊守森就說：

> 從整體藝術境界來看，莫言筆下的「高密」及「高密東北

鄉」，又是一個子虛烏有，人間難尋，既充滿神秘、傳奇、
象徵色彩，又經由現代文明之光照徹的超驗藝術空間。

（賀立華、楊守森編，一九九二，頁五一）

楊守森所謂的「超驗藝術空間」，指的即是藉由非直接經驗來建
構的小說空間。因而莫言筆下的高密東北鄉，已經不是純粹地理
空間的高密東北鄉了。蘇珊·郎格指出，對一個小說家來說，他
探索了一個虛幻的過去，一個他自己創造的過去，他「所設想的
真理」，在那個被創造出來的歷史中有著自己的根據（一九九一，
頁三三六）。在莫言創造出來的高密東北歷史中，既有屬於莫言
「自己創造的過去」，也有「自己的根據」，那就是他在高密的
生活經驗。

　　莫言「帶著淡淡的鄉愁尋找失落的精神家園」，其實深受福
克納(William Faulkner，一八九七～一九六二)和馬奎斯（Gar-
briel Garcia Marquez，一九二八～）的影響。在西方現代派作
家中，他把他們譽為「兩座灼熱的高爐」(一九九二 d，頁四二〇)。
莫言從他們身上經歷了從單純的模仿到融合與創新的過程。

第二節　現代派精神／魔幻寫實技巧

　　大陸新時期文學最引人注目的重大變化，唐翼明認為有三：

　　㈠逐漸掙脫對政治的從屬關係，

　　㈡人道主義精神的高揚，

　　㈢西方現代派技巧的引進。（一九九五，頁五七）

其中第三條和與前二條又是因果關係，正是為了掙脫對政治的從
屬關係，以及隨著人道主義的高揚，才有藉現代主義的反傳統的
反叛精神來加速顛覆的需要❷。阿布拉姆斯（M.H.Abrams，一九

一二～）也認為現代主義是和傳統一次「徹底而激烈」的決裂，
它最主要的特徵是「前衛」（avant-garde），用龐德的話來說，
亦即是一小部分具有自覺意識的藝術家或作家對藝術所作的「創
新」。他們主要的目的是打破既有的框架和秩序，以一個新的藝
術形式來建立自我的主體性（一九九三，頁一一九～一二〇）；現代
派是作家對既有文學形式的限制重新評價之後，所產生的一種對
傳統的傳承和否定的審美觀（Davis & Schleifer，一九八九，頁一七）。
卡勒（Jonathan Culler，一九四四～）則認為波特來爾是現代
派精神的典範，他的詩反映了都市人內心的焦慮、恐懼，以及絕
望的生活困境，頹敗中透出荒誕的美。波氏可謂建立了「醜陋的
美學」。他的詩裡常常出現超自然和神奇的描寫，以奇特的意象
把現實扭曲和變形，從而達到心靈的釋放和自由（一九八八，頁二
八七～二八九）。王寧則這樣描述現代派的特徵：

> 它（現代派）以向傳統的理性觀念和現實主義文學挑戰、
> 在文學作品中弘揚個性和自我為己任，藝術上致力於探索
> 新奇別緻的形式技功和表現手法，它不屑於表面的客觀真
> 實（現實主義的）和狂放無度的個人情感表現（浪漫主義
> 的），志在表現潛意識的深沉感情，以冷峻嚴肅的筆調達
> 到心理深處的客觀真實。（一九九一，頁四二七～四三一）

蘇煒以為，「現代主義文學」是以人（作者）與自然、人與
對象、主觀與客觀之間的關係的變異，作為一種新的「話語」，
是與「傳統」和「古典」分界的。傳統的文學與繪畫，無論是古
典寫實主義、自然主義、浪漫主義以至印象主義，在美學原則及
其語言手段上，都著力於尋找作者、文本與描寫對象之間的對應、
直接關聯的意義和聯繫。即便是強調主觀感情和觀察的浪漫主義
及印象主義，作者、對象之間的對應聯繫也是顯而易見的。在中

國文學史裡，無論「文以載道」、「文藝爲政治服務」、「典型環境的典型人物」或「文學干預生活」都是這種「對應」的不同表現。現代主義藝術則是要用抽象、變形、荒誕、反諷、時空錯亂等打破這種「對應」關係。現代主義作品十分重視語言和敘事結構，從這點來說，現代主義是相當「爲藝術而藝術的」；即使是對社會的批判，也是從「文學的本體認同」出發，而不是以「改革社會」爲訴求（一九九一，頁一八四～一八五）。

　　現代主義的特色表現在思想上，它是多元而非統一的；在形式上，是豐富多彩的，盡量表現出現代主義的多元性、複雜性、生命力和創造性。現代主義的精神存在於人類對人生的不斷探索當中，存在於藝術家對表現方式不斷的否定和進化的要求當中。現代主義的流派所涵蓋的流派五花八門，包括象徵派、印象主義、後期印象主義、立體主義、未來主義、表現主義、達達主義、超現實主義和魔幻寫實主義等。對於現代主義作家來說，「意識型態的變化依然是主要的，它是使一個作家成爲現代主義者的首要條件。事實上，並非所有的現代主義作家都在同一程度和水平上進行技巧的創新和形式的革命，並且也有相當大的一部分作家在方法上是傳統的」（余江濤等編譯，一九八九，頁三一七）。

　　莫言小說的現代派精神表現在他大量使用變形、荒誕、時空倒錯、寫醜和把現實扭曲等創作技巧上。在眾多的現代主義流派當中，以魔幻寫實對莫言的影響最深刻。柳鳴九指出，魔幻寫實主義有三大特徵：㈠現實主義的特性；㈡非現實主義的特徵；㈢反現實主義的特徵❸，魔幻寫實不但繼承了拉丁美洲文學傳統的一面，又有接受歐美現代派文學影響的一面（柳鳴九，一九九〇，頁三六八～三六九）。莫言的小說大量運用意識流、隱喻、象徵、荒誕、預言等現代主義的技巧，融合來自高密東北鄉的傳說和神

話，正與馬奎斯《百年孤寂》的創作手法相似。

在現代派作家中，莫言最推崇的是福克納和馬奎斯，把他們稱為「兩座灼熱的高爐」（一九九二d，頁四二○），深為《憤怒與喧囂》（*The Sound and the Fury*）和《百年孤寂》（*One Hundred Years of Solitude*）這兩部著作所震驚。他自己也承認，「我在一九八五年中，寫了五部中篇和十幾個短篇小說，它們在思想上和藝術手法上無疑都受到了外國文學的極大影響。其中對我影響最大的兩部著作是加西亞‧馬奎斯的《百年孤獨》和福克納的《憤怒與喧囂》」（一九九二d，頁四二○）。福克納和馬奎斯使莫言的書寫方式產生了極大的轉變，我們也可以從莫言一九八五年後的作品找到他們的影子。一九八五年之前，莫言的小說風格尚未成型，這時期的小說如〈春夜雨霏霏〉（一九八一）、〈售棉大路〉（一九八三）、〈民間音樂〉（一九八三）、〈白鷗前導在春船〉（一九八四）和〈雨中的河〉（一九八四），仍舊沿續傳統講故事的敘述模式，基本上並未突顯「莫言」式天馬行空的書寫風格。其後自〈透明的紅蘿蔔〉（一九八五）始，夢幻、荒誕、象徵等的手法始大量出現，標誌著莫言小說的一個重大轉折。

莫言認為馬奎斯的哲學思想和他獨特的宇宙觀和人生觀，是值得他借鑑的；對於福克納「落寞又騷動的靈魂」、「病態的心靈」也深有同感，而他對馬奎斯「去尋找拉美迷失的溫暖的精神家園」（一九九二d，頁四二○），也有「小說就是帶著淡淡的憂愁尋找失落的家園」（張志忠，一九九○，頁三一）之說的類似回應。不過，誠如莫言所說的：「真正的借鑑是不留痕跡的」（一九九二d，頁四二一），而且「任何民族、任何時代文學的橫的移植或借鑒，不僅負載著不同的歷史和現實的生活內容，即使在形態上

也會發生程度不同的變形，它絕不會是借鑒對象維肖維妙的翻版」（孟繁華，一九八八，頁一）。莫言也認為他的作品中對外國文學的借鑑，既有比較高級的化境，又有屬於外部摹寫的不化境（一九九二d，頁四二一）。莫言所說的「化境」，正可印證孟繁華所說的由於「不同的歷史和現實的生活內容」，「絕不會是借鑒對象維肖維妙的翻版」。他之所以會對福克納和馬奎斯情有獨鍾，也是因為彼此的心靈有相似之處，對家鄉亦有濃厚的情感，因而他的化境是在立足於自己的故鄉高密東北鄉上，建構了非福克納、非馬奎斯式的，「莫言式」的家鄉歷史。對於這點，莫言有如下的看法：

> 我如果繼續迷戀長翅膀老頭、坐床單之類鬼奇細節，我就死了。我想：㈠樹立一個屬於自己的對人生的看法；㈡開闢一個屬於自己的領地的陣地；㈢建立一個屬於自己的人物體系；㈣形成一套屬於自己的敘述風格。
>
> （一九九二d，頁四二一）

這四點莫言都已經做到了，他「帶著淡淡的憂愁尋找失落的精神家園」，對世界和人生自有一套的看法和感知方式。他開闢了自己的文學領地——高密東北鄉，並以這個地方的人物體系為想像基礎，寫成了高密的「歷史」，他怪誕和狂放的敘述風格也隨著前面三項的確立而成形。至於所謂「不化境」，則是指福克納和馬奎斯對莫言創作觀念的重要啟迪。而這種啟迪，是根植於「對自己的國家民族有著很強的責任感和使命感」（賀立華、楊守森等著，一九九二，頁二）上。這裡可以分成兩方面來談：㈠兩位作者都是以書寫自己的現實／文本的故鄉為小說的主要題材；㈡藝術手法／觀念。

莫言曾經這樣的形容福克納和馬奎斯對故鄉的書寫：

福克納對郵票大的故鄉小鎮，他的傑弗生鎮，加西亞·馬
爾克斯之於馬貢多鎮，都是立足一點，深入核心，然後獲
得通向世界的證件，獲得聆聽宇宙音樂的耳朵。一個作家
如果想在作品中包羅萬象，勢必膚淺。地區主義在空間上
是有限的，在時間上是無限的。加西亞·馬爾克斯和福克
納都是地區主義，因此都生動地體現了人類靈魂家園的草
創歷史，都顯示了人類社會發展的螺旋狀軌道。因此，他
們是大家氣象，是恢宏的哲學風度的著作家，而不是淺薄、
獵奇的、通俗的小說匠。（一九九二ｄ，頁四二一）

莫言從福克納和馬奎斯的作品中找到了創作的心理依托。所謂的
「地區主義」，使莫言領悟到生長的土壤和根的重要，也進而促
使莫言「開闢一個屬於自己的領地」（同前引）。這裡必需對福
克納和馬奎斯影響莫言的兩部著作作一簡略的說明。

　　《憤怒與喧囂》和《百年孤寂》都是描寫家族衰敗的歷史。
《憤怒與喧囂》寫的是傑弗生鎮（Jefferson）的一個破落家族康
普生（Compson）家世，這個家族曾經有過輝煌的歷史，然而祖先
們的開創精神和昂揚的生命力到了後代子孫卻已蕩然無存。《百
年孤寂》是拉丁美洲獨立百年後的一個寓言。馬奎斯以魔幻寫的
手法去寫人生的悲歡離合，生命的虛幻和孤獨，以預言／寓言的
方式來呈現邦迪亞家族六代的故事。瑞典皇家學院在一九八二年
頒給馬奎斯諾貝爾文學獎的理由是：「像其他重要的拉丁美洲作
家一樣，馬奎斯永遠為弱小貧窮者請命，而反抗內部的壓迫與外
來的剝削。」又讚揚他的小說「巧妙地揉合了虛幻與現實，創造
出一個豐富的想像世界，卻反映了南美大陸的生活和衝突」（馬
奎斯著，楊耐冬譯，一九九二，頁三）。《百年孤寂》以馬康多鎮為
故事背景，敘述邦迪亞家族六代的生命史。運用輪迴的觀念，混

淆人鬼的觀念，夾雜印第安和阿拉伯的神話傳統，以象徵、影射、誇張、意象等技巧，使故事的情節在神奇的氣氛中發展。簡單的說，《百年孤寂》有如下的幾個特色值得注意：㈠鬼魂的出現；㈡東西方神話和典故的融合；㈢時間的輪迴和重覆；㈣預言和預示；㈤象徵和顏色；㈥荒誕的情節（陳光孚，一九八七，頁九六～一三八）。

　　我們可以從以上所列的六點特色，逐點來檢視莫言小說與馬奎斯的《百年孤寂》的相似之處。莫言的小說也常常出現鬼魂的描寫。必需說明的是，這種題材並非馬奎斯的專利。在《聊齋誌異》裡，妖狐仙鬼取代人的地位而成為主角的寓言比比皆是，而這種「鬼事」，更可上溯唐傳奇和魏晉的誌怪小說。在〈戰友重逢〉(一九九三)裡，所有的「人物」，包括敘述者「我」趙金，隊友趙英豪、羅二虎、華中興、郭金庫都是戰死的鬼。他們在鬼的世界裡，也和活著的時候一樣是國家的部隊，必需按照部隊的紀律過活，履行職責；同樣也有情緒的起伏困擾，以及家庭的牽掛。不同的是，他們是住在墓穴裡，思考的範圍更可涵蓋生前死後。可以說，〈戰友重逢〉是一篇以鬼的身軀來乘載人的問題的小說，死而為鬼之後，人鬼相加的問題更形複雜，充斥幽冥世界的濕冷為小說籠罩一份無奈。

　　在《紅高粱家族》的〈奇死〉裡，二奶奶被日本鬼子凌辱而死後，鬼魂上身，她的叫罵聲是一個年過半百的老頭聲音。莫言以黑貓象徵二奶奶，先是在她將斷氣之際安排黑貓在屋頂上淒厲的叫囂，繼而是淫邪的叫聲，再後來貓叫聲是從二奶奶的口裡出來，「一聲比貓叫春還難聽的聲音，從她的嘴裡衝出來」（一九八九 c，頁四八七）。幾經折騰之後，最終才請來李山人驅邪成功。

　　在〈夜漁〉（一九九一）和〈奇遇〉（一九九一）兩個短篇

裡,「我」也同樣和鬼魂打過交道。前者是一個非鬼非人非神的女人,她自稱是人,但卻具有類似特異功能,能以一根帶穗的高粱桿把螃蟹引進大麻袋裡,並且預言二十五年之後,在東南方向的大海島上,二人還有一面之緣。二十五年後在新加坡的大商場裡,「我」果然與一女人相遇,正是那個幫他捉螃蟹的女人,而新加坡正是她所說的東南方向的大島。〈奇遇〉則是「我」在返高密的途中遇見趙三大爺,他請「我」轉交五元錢和一個煙袋給「我」父親,不料回到家才從「我」的母親口裡得知趙三大爺早在三天前就死了。「我」在路上遇見的其實是趙三大爺的鬼魂。在〈夢境與雜種〉(一九九三)裡,已死的陳聖嬰老師還會從墳墓裡鑽出來,向「我」打聽傳教士莫洛亞的情況,所寫的都是鬼事。

《百年孤寂》裡常出現的預言和預示,也是莫言的小說最慣用的技巧。〈夢境與雜種〉的敘述者就是一個具預言能力的小孩。當他把自己的預言能力告訴母親,她半信半疑、試探性的讓他夢一夢去年丟失的五個餑餑。結果果然如夢境所示,發現那五個餑餑是被黃鼠狼偷走的,終於使母親洗刷了偷吃的冤屈。故事在他夢見陳聖嬰老師死在槐樹下時達到高潮,繼而他陸續夢見莫洛亞死亡、將會和妹妹樹葉第二天在學校出醜、母親到生產隊磨豆子偷黃豆被王麻子抓住等等。小說發展到後來,甚至連樹葉也有了夢的能力。

在〈奇死〉裡,凌辱二奶奶的日本士兵之一,就長得像那個死在二奶奶手下的黃鼠狼。當年二奶奶見到牠時,牠正站在墳頂上,身體坐在兩腿上,兩隻前爪舉起,對著二奶奶頻頻揮動。自此之後,黃鼠狼的幻影便常常在二奶奶的眼前出現,她因此而瘋顛了很久,「在一個暗紅色的充滿色欲與死亡誘惑的泥潭裡掙扎」

（一九八九 c，頁四三九）。後來她用門閂把黃鼠狼打死，日本兵進來的時候，她正盯著門閂上的黃鼠狼污血，那種曾令她驚心動魄的震顫又一次發作。而後在整個受辱的過程，日本兵的影像都是與黃鼠狼不斷交錯。

·至於顏色的象徵，更是莫言小說的重要藝術特色之一。季紅真認為，莫言以幾近於詩歌的隱喻手法，借助色彩語詞來完成其語義的表達，傳達現代人的強烈自我意識，並且指出莫言有自成一套的色彩象喻系統（一九八八 b，頁一四〇）。莫言自己則表示很喜歡後期印象主義梵谷和高更的作品，「梵谷的作品極度痛苦極度瘋狂；相比之下，我更喜歡高更的東西，它有一種原始的神秘感。小說能達到這種境界才是高境界」（賀立華、楊守森編，一九九二，頁四〇四）。

後期印象派的強調對自然色彩的超越，並在色彩之中表現主觀的自我，所以印象派的繪畫與實際肉眼所見的自然色彩不同，突破了自然色彩的制約，呈現主體性的生命和精神。正如梵谷所說：「我不是想正確地重現我眼睛所看到的東西，而是較隨意地使用色彩，以便有力地表現我自己。」高更也說：「我通過線條與色彩的安排而獲得交響與和諧，並不表現普通字面上所說的『真實』。」塞尚則指出：「一幅畫首先是、也應該是表現顏色。歷史呀，心理呀，它們仍會藏在裡面……這裡存在著一種色彩的邏輯，老實說，畫家必需依順著它，而不是依順頭腦的邏輯……繪畫是一種『光學』，我們這項藝術的內容，基本上是存在我們眼睛的思維裡」（轉引自吳非，一九九四，頁四七）。

莫言在小說中使用大量的強烈色彩，是為了補償現實的枯竭和貧乏這種主體性格的因素，而且也指出他所渲染的，其實是心中的主觀情感（賀立華、楊守森編，一九九二，頁三六），這一點，

高更梵谷塞尚用顏料，而莫言則選擇用文字來做表達媒介一樣，同樣具有美學效果。莫言在顏色的選擇上，確實與他們三位有著異曲同工之妙。他的小說還有一個特別的現象是，亦即出現許多「不合常理」的顏色。如〈狗道〉（一九八六）裡的綠狗和紅狗。二奶奶死的時候，她眼前出現黃光和綠光。或者是頭髮和牙齒是藍色的（〈懷抱鮮花的女人〉，一九九一）；貓也有藍貓（〈養貓專業戶〉，一九八八），這些都是悖於常理的；但是從後期印象畫派用色的觀點來看，這些由主觀感情所投射的主觀色彩，卻是合理的。

　　梵谷曾表示他在畫幅《夜咖啡館》裡用紅與綠來表現人類可怕的情調，它們表現出人們的火熱的情緒活動（轉引自吳非，一九九四，頁四九）。十分湊巧的，莫言的小說也最愛用紅與綠兩種顏色，而且二色常對比使用，形成一種大紅大綠的色彩風格，如：

> 秋天發了大水……從天而降的紅翅鯉魚和黑脊草魚在長著綠色氣根的高粱秸竿間橫衝直撞，翠綠的魚狗不時鑽到水裡去，又叼著銀亮的小魚從水裡鑽出來。
>
> （一九八六 a ，頁二五〇）
>
> 他知道奶奶流盡了最後一滴血，奶奶臨死前的肉體像成熟的蠶體一樣光亮透明，只能是那件紅褲子的顏色染紅了翠綠的高粱秸桿。（一九八九 a ，頁三五〇）

　　此外，在〈懷抱鮮花的女人〉裡，那位帶著黑狗、一直緊隨王四不放的神秘女人的裝束就是身著綠衣，手持一束大紅鮮花，這種打扮配合她神出鬼沒的行蹤，無疑的使這種色彩的組合十分的具有鬼魅效果。而在〈透明的紅蘿蔔〉裡，除了紅色，紅綠配也是主色調：

> 黑孩轉過身去，眼睛望著河水，不再看這些女人。河水一

塊紅一塊綠，河南岸的柳葉像蜻蜓一樣飛舞著。

（一九九二 b，頁一三九）

他看到了一幅奇特美麗的圖畫：光滑的鐵砧子，泛著青幽幽藍幽幽的光。泛著青藍幽幽光的鐵砧子上，有一個金色的紅蘿蔔。（頁一九九）

接近蘿蔔地時，他趴在地上，慢慢往外爬。很快他就看到了滿地墨綠色的蘿蔔纓子。蘿蔔纓子的間隙裡，陽光煦著一片通紅的蘿蔔頭兒。（頁二○七）

以上所舉的三例都是出自〈透明的紅蘿蔔〉這篇莫言的成名作。除此之外，在色彩運用紅綠相對照特出的當推〈爆炸〉（一九八六），如綠麥穗上大紅的蜘蛛，鮮紅摩托車追趕著瘋狂奔跑的灰綠色拖拉機，紅狐飛跑的影子和綠色的柳樹相對比等畫面。文孟君以為，莫言的這種美學追求，是緣於我國民間年畫的色彩運用。年畫在色彩上就追求濃重、單純、鮮艷，並用大紅大綠的裝飾性畫風，以示「歡慶吉祥」、「辟邪納福」之意。莫言的小說就是利用這種色彩的強烈對比，表現創作主體的主觀情緒。其實莫言的小說裡運用得最多也最具討論意義的色彩，是紅色和綠色，尤其是紅色系的意象構築最為突出，最具感染力。紅色語詞由於長期的社會歷史文化積澱，具有豐富的文化語義，如表示生命、勇武、力量、神聖、尊貴、權勢、威嚴和喜慶吉祥等等象徵意義（文孟君，一九九三，頁三三），如金色的〈透明的紅蘿蔔〉、血一樣的〈紅高粱〉、火紅的〈球狀閃電〉、火紅的、代表生命力的狐狸、穿紅裙子、手拿紅萍果的小女孩(〈爆炸〉)等。就像高更所說的，「色彩就像音樂一樣，我們利用純熟的和聲創造象徵而獲得自然中最曖昧最普遍的東西：即自然中最深奧的力量」（轉引自吳非，一九九四，頁五一）。

　　綠色也是莫言常用的顏色，相對於傳統綠色所指涉的和平、清新、親愛等正面的意義，綠色之於莫言是骯髒、卑屈、愚昧和落後等的負面主觀象徵。莫言的小說對綠色恣意咒罵，因為綠色是農村的主要色調，而農村在莫言的小說裡往往是落後的。〈狗道〉對於灰綠色的雜種高粱痛之入骨，是因為對人種的退化，對農村生存者的愚昧卑屈感到悲哀。〈歡樂〉（一九八七）則是由於對農村的憎惡而轉成對綠色的的瘋狂詛咒。〈棄嬰〉（一九八七）的故事始於綠色的玉米地。此外，綠色也用來表示憤怒、恐懼、緊張的情緒，如在〈紅蝗〉（一九八六）裡形容憤怒的眼睛都是閃爍著綠色的光芒。

　　不過，莫言的色彩象喻系統到了晚期，則起了根本的變化。紅色常與沼澤、蝗蟲、水災等關聯（〈紅蝗〉），紅花成了弟弟的奪命花（〈罪過〉），紅色與綠色所指涉的語義由相對而走向統一，因而在〈紅蝗〉中不僅「紅水滔天」，也「綠水滔天」了。紅色與綠色不再對立，不過在莫言的筆下，紅與綠都關聯到人類的欲望和罪行，暗示著人性的負面（季紅眞，一九八八 b，頁一四一）。

　　除了象徵和顏色，《百年孤寂》裡常出現的荒誕情節，在莫言的小說裡也不虞匱乏。最離奇的，首推〈幽默與趣味〉（一九八五）。這篇小說是寫某大學的中文系教師王三由人變猴子再變回人的故事，頗有卡夫卡《變形記》的荒誕精神，這是莫言與西方現代派的技巧運用最神似之處。小說第一章就點明了其「『離奇』、「『荒誕』的超現實內容」（一九九四 b，頁二一二）。小說裡的王三正在為《中國詩歌大辭典》的「詩歌風格卷」撰寫「雄奇」、「詭異」等名詞的註釋，這不啻是為小說的荒誕開宗明義，也同時是替莫言的小說風格做註。〈球狀閃電〉（一九九四）的題目也已預見它的荒謬，閃電而成球者已經夠離奇，而嗣

嘓的女兒竟然還能飛腳去踢，把火球踢得穿過牆壁進入牛棚，把奶牛電得倒了下去。值得一提的是，〈球狀閃電〉裡的那個身上貼滿羽毛、專吃蝸牛蚯蚓、會飛的瘦臉老頭，他的出現是荒誕的高潮。人類想飛的欲望在現實生活裡是由飛機代為實現了，而莫言則在小說裡極盡其想像來滿足飛翔的夢想。這篇小說也令人想起馬奎斯的短篇小說〈巨翅老人〉。飛翔的情節也同樣出現在〈翱翔〉（一九九一）裡。燕燕因不甘被傳統受擺佈的婚姻所束縛，竟然因此產生了飛翔的能力來逃離既定的事實。在〈奇死〉中，已死去多年的二奶奶會從墳墓裡跳出來，對退化的後代冷嘲道：「並非我生的孫子，照照你的尊容吧！」（一九八九ｃ，頁四九三），而《食草家族》（一九九三）系列小說，都是在傳述長蹼的祖先的事蹟。

　　莫言的小說和馬奎斯的《百年孤寂》最大的不同，是時間觀的差異。《百年孤寂》的輪迴和重覆的時間觀，並未出現在莫言的小說裡。莫言的時間觀雖然並不明顯，但是從《紅高粱家族》來看，莫言對時間所抱持的是倒退的想法。這種今不如古的想法，就是「種的退化」（一九八九ｃ，頁二）。這本紅高粱家族的歷史，是「為了為我的家族樹碑立傳」（頁一三）。其所以為家族樹碑立傳，是因為祖先們「演出過英勇悲壯的舞劇」（頁二），他們殺人越貨、精忠報國，表現的是純種高粱的優異和耐力。相對於祖先豐沛的生命力，做為後輩的「我」被上流社會眷養得惡臭的肉體和虛偽，正如二奶奶所說的，是「家兔子氣」、「雜種高粱」（頁四九四），表現在人格上，就是卑屈、犬儒和退卻。

　　從以上莫言和馬奎斯在創作上的相似點來看，莫言在某種程度上受了馬奎斯的影響，而這些特點和魔幻寫實的特徵相吻合，但其產生的背景不同❹。孟繁華指出，魔幻寫實包括㈠神奇的描

寫和現實的反映的結合，變現實為幻想而不失其真；㈡打破生死、鬼神的界限；㈢打破時空的界限；㈣大量使用隱喻、象徵、暗示、預言；㈤古老的民間傳說和神話的插入，有時將神話與現實融匯在一起（一九八八，頁五）。莫言和馬奎斯相似的生長環境，傳統、現實和文化背景，亦是促使他們的作品出現同一性的原因❺。

　　一九八四年前後，當時的大陸文壇經過傷痕和反思文學，開始意識到文學的主體性，文壇也開始有走向世界的呼聲。孟繁華在論述魔幻寫實誕生於中國大陸的背景時說：

> 傳統文化的重負使我們難以前進。當「尋根」作家們在反思民族歷史和文化的時候，痛感傳統因襲給民族帶來的負擔。因此，他們極力想通過文學來揭露和批判傳統文化中消息的東西，以啟迪民智、喚醒民心。這種基於現實的和文化的心理欲求，同拉美魔幻現實主義一拍即合。我們甚至可以這樣說：當作家有了心理和現實的累積之後，魔幻現實主義在中國的介紹，成了「尋根」作家的創作的突發口和契機。他們在魔幻現實主義那裡看到了適於表現我們民族文化和心理的方法。一九八四年之後，帶有魔幻現實主義特徵的作品，在當代中國文壇上出現了。

　　（一九八八，頁五）

莫言的〈透明的紅蘿蔔〉、〈白狗鞦韆架〉、〈爆炸〉等幾個引起文壇注目的短篇就是發表在一九八五年。這幾篇小說所用的誇張、象徵和隱喻的手法，對愚昧和落後的農村以及傳統的批判，以及《紅高粱家族》穿梭於過去未來的敘述視角，都與《百年孤寂》有相似之處，但以誇張來造成魔幻效果時，兩人卻有不同之處❻。

　　拉丁美洲的魔幻寫實作者是對軍人政權的寡頭政治的強烈反

抗，對現實不滿，希望改變現實，但對前途沒信心；反對封建勢力，對馬克思主義和無產階級力量抱持懷疑態度．莫言小說的出發點與此相似❼。但是也必需強調，借鑑並不等於翻版和抄襲，莫言也融匯了多種中國文學傳統的手法，如民俗說唱和演義小說，內容更是以書寫高密東北爲創作核心。他的目的在爲家族立傳，歌頌「我爺爺」、「我奶奶」的英魂，高密有他一輩子寫不完的題材。而且他也清楚的意識到「我如果無法深入進入我的只能供我生長的土壤，我的根就無法發達、蓬勃」（一九九二 d，頁四二一）。莫言在受訪時曾表示，「中國的文學離不開世界文學的影響、馬奎斯的影響，可以看作爲一個外國的大作家，恰好在我們某些作家中引起了一個強烈的心靈共鳴。然後，中國作家在這個基礎上再創造、發展」（梁麗芳，一九九三，頁三二一）。魔幻寫實並不是幻想文學，也不是浪漫主義文學，馬奎斯和其他魔幻寫實的作家一樣，堅持文學是現實經過加工提煉的成果，作品中的神奇是現實中的神奇事物的敘述和加工，或是來自當地的神話和傳統觀念。馬奎斯甚至強調：「使我得以寫就《百年孤寂》的這一新發現是百分之百源於現實的，即我們特有的現實」（轉引自陳光孚，一九八七，頁一五三）。

　　大約在一九八五年，與尋根思潮同時，大陸的作家除了已經意識到文學的主體性之外，也在思考文學本身的突破，近而在接觸外來文學的刺激時，思索中國文學如何走向世界：究竟是通過謀取世界文學的認同，還是立足於本土，以自己與世界文學的差異性走向世界。福克納和馬奎斯的引進，無疑是一個具有決定作用的導向。他們兩人都是立足於故土，由此而觀照世界，進而走向世界。他們的成功無疑給莫言很大的心理鼓勵。正如莫言所說的：「文學創作，不管你是哪個民族的作家……只要是眞正的文

學，畢竟會在某一點上相撞，會有某種共通的東西」(引自賀立華、楊守森編，一九九二，頁一四六)。

馬奎斯的成功確實給莫言很大的啓示，對他的創作觀念也起著革命性的作用。福克納這位以故鄉約克納帕塔法縣（Yoknapa-tawpha）爲對象的系列小說，不但影響馬奎斯的馬康多鎮系列創作，同時也刺激了莫言對高密東北鄉的記憶。福克納給莫言最大的提示是，他立足於「郵票大的故鄉小鎮，然後獲得處通向世界的證件」(莫言，一九九二 d，頁四二一)。接觸兩位以故鄉爲創作母體的作家之後，鄉土意識很重的莫言也開始有意識地「探尋、設計、營造著屬於他的那方小小的『郵票』」(賀立華、楊守森編，一九九二，頁一四六)。首先打出高密東北鄉旗號的是〈白狗鞦韆架〉，新的取材方向使莫言的小說風貌不變，也奠定了他的風格走向。賀立華和楊守森認爲，「如果把莫言小說發表時間的順序打破重新組合的話，就會發現他也描寫了故鄉從開創到今天的歷史變遷。〈馬駒橫穿沼澤〉中，那美妙神奇的傳說，描繪了高密東北鄉食草家族創世紀的經歷。〈秋水〉中，『我』的爺爺奶奶因殺人放火逃到高密東北鄉大澇洼子的蠻荒之地，男耕女織，休養生息，那漫野的秋水，傳奇般的愛情故事，橫生的鬼雨神風，爲這塊澇洼地蒙上神秘魔幻般的色彩。而後『陸續便有匪種寇族遷來，設莊立屯，自成一方世界』。這頗似《百年孤寂》中馬孔多小鎮的草創。此後便在這塊土地上演出了一幕幕悲壯慘烈、生死恩仇、男歡女愛的悲劇、喜劇和正劇。從〈生蹼的祖先們〉、〈玫瑰玫瑰香氣撲鼻〉、〈紅蝗〉、《紅高粱家族》，經〈大風〉、〈老槍〉、〈透明的紅蘿蔔〉、〈復仇記〉、〈築路〉等，到〈歡樂〉、〈球狀閃電〉，高密東北鄉人民各個歷史時期的生活都得到了藝術的表現」(一九九二，頁八九～九〇)。不過，必須

強調的是，莫言對西方現代主義的借鑑，並非只局限於福克納和馬奎斯，對其他流派也有兼收❸。

　　本節探討莫言小說的現代派精神和魔幻寫實技巧的運用，尤其著重於福克納和馬奎斯對他的啓發。這兩位作者影響了莫言的創作觀念和創作手法，使他的宇宙觀和人生觀產生了變化。莫言所建構的虛實相生的高密東北鄉「歷史」，融合了現代派精神和魔幻寫實技巧，並結合中國的傳統和民族性，呈現出「莫言式魔幻寫實」的書寫特色。

【註釋】

❶這兩件事情分別可在〈五個餑餑〉和〈石磨〉裡找到雛形，其中〈五個餑餑〉裡母親所受的冤屈還在〈夢境與雜種〉裡因「我」的預知能力而獲得洗脫。

❷援引西方現代主義技巧的作品對大陸新時期文學發展有突破性的改變，唐翼明指出，「對於中共在毛澤東時期確立的文學原則，它的反叛與顛覆最全面、最徹底。它對人的本性及現代中國人的生存處境的大膽逼視與赤裸表現已經完全徹底地消解了由中共數十年來刻意塑造、以馬烈主義意識形態嚴密包裝的政治神話與英雄神話，它在表現手法及語言運用上的離經叛道與肆無忌憚又完全徹底解構了大陸文壇數十年來形成的千人一面的革命八股與宣傳腔調(李陀稱之為『毛文體』)。經過現代主義的洗禮後，中國大陸的文學已經走上了反叛的不歸路」（一九九五，頁一六一）。唐翼明的這段話，正與劉再復的「大陸的文學從『獨白』走向『複調』」的說法相同（一九九五，頁一二～一三）。

❸所謂現實主義的特徵是體現在魔幻現實主義繼承了拉美現實主義小說的傳統，作品反映了拉丁美洲的現實生活，反映社會，政治等問題。

至於非現實主義的特徵是指魔幻寫實小說吸收了古代印第安傳統文化中的神話傳說，把現實和傳統溶為一體的創作方法。而反現實主義的特徵則是來自歐美現代派的影響。現代派的一個重要特色是「非理性」，魔幻寫實主義也帶有這種特點。不過，反現實主義並非意味著它和第一項特色相矛盾，而是說它採用了反現實主義的創作手法（柳鳴九，一九九〇，頁三六八～三六九）。

❹拉丁美洲魔幻寫實的產生背景和政治有密切的關係。政治的壓迫非但沒有導致文學的凋萎，反而催生了魔幻寫實此一文學流派的誕生。陳光孚指出，「越是在受壓迫的國家，文學就越繁榮，越是被壓迫以至流亡的作家越能寫出好作品」（一九八七，頁一八三）。軍事獨裁的寡頭政治至少在兩方面對魔幻寫實的形成起過作用：㈠由於寡頭獨裁統治的鉗制，作家們在反映社會現實時，不得不採取迂迴隱蔽的手法，像影射、暗喻、象徵和神話等。這些手法便成為魔幻寫實主義特殊風格中的一部分。㈡當代的寡頭政治是拉丁美洲社會的一大神奇現實獨裁統治者荒謬的言行和幻想是瘋幻現實主義文學的素材（頁一八四）。而莫言對瘋幻寫實手法的吸收，卻是在毛澤東獨裁結束之後，文學亟欲擺脫以歌功頌德的獨白話語為目的，不滿傷痕和反思的創作技巧，以借鑒的方式來顛覆一以貫之的毛文體，與魔幻寫實為了正面觸怒獨裁政權而產生的「本土式魔幻寫實主義」背景不同。

❺從傳統與文化背景來看，莫言與馬奎斯都深受各自的民族文化的熏陶，也都有一個生長背景相似的童年。馬奎斯於一九二八年生於哥倫比亞臨海的熱帶小鎮，父母親都是默默無聞的普通人他生下不久之後，就被送到外祖父家寄養，外祖父是一個退役軍人，晚景不佳，頗多牢騷，時常在小馬奎斯面前講述以前年輕時的故事；外祖母則是一位極富想像力而又篤信神靈的老人，她博古通今，喜歡講些稀奇古怪的神話傳說，尤愛描繪那些死去的親人交談的情景。那種恐怖的神秘故事，給

馬奎斯幼小的心靈留下烙極深刻的印記，養成他喜歡想像的習慣。這些在馬奎斯的《百年孤寂》都可找出蛛絲馬跡。莫言的童年亦受祖父母的影響，本章第二節已有述及，這裡不再重複。

❻馬奎斯常在誇張現實是時，運用印第安傳說，神話以及《聖經》的故事等加強作葬神秘虛幻的氣氛，如老邦迪亞被敵人的冤魂糾纏，是取材於印第安傳說中冤魂自己不得安寧，也不讓仇人安寧的說法。美女瑞米迪娥坐床單升天的情節是則源於《天方夜譚》。馬康多鎮連下了四年十一個月又兩天的大雨是《聖經》創世紀的寓言。莫言更多的是運用童話和寓言的手法，把幻想與現實巧妙的揉合在一起。如〈球狀閃電〉中有關以老刺猬的觀點去思考的敘述；〈馬駒穿越沼澤〉的馬駒具有說話的能力，能與人溝通；〈父親在農民連裡〉的小母驢一樣能夠像常人一樣與父親對話，都是童話的寫法。

❼莫言在一次「有追求才有特色——關於〈透明的紅蘿蔔的對話〉」座談會表示，文化大革命時期的農村生活很貧窮痛苦，生活裡僅有的歡樂和理想都被當時的政治背景染上了奇特的色彩，他覺得應該把這些色彩寫出來，但又不願意寫得太傷感，而要帶點神秘和虛幻，稍帶感傷就行了(賀立華、楊守森編，一九九二，頁八一～八二)。又在「全國首屆莫言創作研討會紀實」裡表示，「如果我個人的痛苦與民族的痛苦產生游離的話，我是沒有任何前途的。……我非常希望非常渴望我的痛苦矛盾與民族的痛苦矛盾產生一種拍合。如果我的痛苦與民族的痛苦是一致的，那麼，無論怎樣強化我的個性意識，無論怎樣發泄我的個人痛苦，無論怎樣把我的一切都噴吐出來，我的個性就得到一種更大的共性」（同前引，頁三九三）。莫言也表示，他痛恨「天上地下」一切神靈，而在大陸這個特殊的環境裡，人們卻一味地歌頌眞善美（頁三九一）。這些言論都充份表示莫言對現狀的不滿和批判。

❽任何一個作家在創作過程中，必然會對某些技巧和作家有所借鑒與吸

收，莫言也不例外。在眾多的流派／主義中，以魔幻寫實對他的創作最具影響；莫言也一再強調馬奎斯對他的風格塑造之功，因而本文著重在對魔幻寫實的論述，次及福克納，對於其他流派／主義只能略為觸及。

第四章　「狂歡化」的話語策略

第一節　戲擬與反諷

　　「戲擬」（parody）是巴赫汀的批評理論中一個十分重要的概念，他在《杜斯妥也夫斯基的詩學問題》和《拉伯雷和他的世界》（Rabelais` and His World，以下簡稱RHW），都反覆使用這個術語來闡述杜斯妥也夫斯基和拉伯雷小說的話語策略。「小說戲擬其他的文類，暴露其他文類語言和形式的規範性，並且壓縮其他的文類，再將它們融合在特殊的結構之中，重新組織和加強語氣」（Dg，頁五）。巴赫汀的這個說法其實仍可回到複調的概念來理解，小說的話語是融合了社會眾聲喧嘩的話語，小說的文體、類型因而也是融合了其他的文體和類型雜糅而成，舉凡書信、短故事、演講、座談，或是散文韻文交錯，皆可嵌入小說中，融合之後建立了兩種或多種語言互相對話的新關係。戲擬故意製造的多重風格（multi-styled）與歧異聲音（hetero-voiced），使小說更豐富而多采多姿。

　　所謂戲擬，顧名思義，是一種帶著遊戲意味的模仿。這種模仿並非如西方模仿理論所認定的詩人有意識地模仿（memimes）自然或人類社會，而是對「語言形象」（images of language）的模仿或再現（representation），而非再現「現實」。由於語言是社會意識型態的產物，因而再現／模仿語言形象即是對社會語

言的再度再現／模仿。由此我們可以說，小說的場域是社會衆聲
喧嘩的縮影，戲擬則是衆聲喧嘩的關鍵，這是因爲戲擬再現了日
常生活、政治與文學藝術中的各種話語類型、風格的對話。戲擬
帶著荒誕不經的嬉笑顚覆、調侃、戲謔、打科插諢的意味；不過，
戲擬的背後，其實有著非常嚴肅深刻的含意。

　　巴赫汀認爲，我們的每句話，都是對他人話語的回應、重複
和引用，在這個過程當中，其實充滿意識型態的底蘊。獨白時期
的引語都是線性引語，而衆聲喧嘩的引語則是圖性引語。後者的
特徵是引用者的話語與被引用的語錄相互滲透，達到一種「我中
有你，你中有我」的境界。這是建立在主體的自覺意識上的交流
和溝通，因此戲擬可說是圖性引語的最佳表現。它具有鮮明的現
代性，作者藉他人的話語說話，而一旦他人的話語爲作者引用，
可能產生與原話語完全相反的目的，讚美可能變成挖苦，歌頌變
成諷刺。這些他者的語言可以直接被我的語言引用，或被我的語
言重述而產生不同的詮釋；它可以反對、支持、補充、嘲笑他者。
話語因而就成爲兩種聲音的競技場，善於「聽音」的讀者總是可
以從戲擬中聽出弦外之音（dialogical overtone）。必須強調的
是，戲擬是一種敘述的藝術，它在平庸的作者手裡，很容易變成
純粹的模仿（imitation），這是因爲此類作家往往在挪用的過程
中，把別人的語言變成自己的語言，而與自己的語言重疊，使得
戲擬變成同質化的手段，這樣便把戲擬的弦外之音消滅了。歷經
帝俄統治和俄國解體的混亂社會，巴赫汀對文字的弦外之音特別
敏感，字裡行間的微言大意是他特別注意的細節，以免惹禍上身。
這不僅和文革的中國大陸十分相似，更可上溯至帝王時代的暴政，
掌權者企圖從詩文捕捉相反的意思，對文人強加莫須有的罪名。

　　表面上看，戲擬好像是把各種語言拼貼在一起，形成一種後

現代的風格和特色。其實不然,巴赫汀把小說作者看成是「學舌者」(ventriloquater),而且是一個高明的學舌者,他也透過自己的語言說話,在戲擬／模仿別人的話言時,他必須把這些不同的聲音調度起來,讓它們對話、交流、互相批評、互相議論,再現語言雜多(languages hibrid)的眾聲喧嘩。在這些聲音裡面,巴赫汀所關心的仍然是意識型態。

戲擬是小說話語創造他者話語形象的主要手段。巴赫汀的批評理論一再強調他者和主體對話的重要,言論是揭示彼此意識型態和價值觀的戰場,語言所折射、蘊含、再現的是社會意識型態和歷史。這也是為甚麼巴赫汀偏好「嚴肅喜劇文類」(serio-comical genres)更甚於「嚴肅文類」(serious genres)的原因。按照巴赫汀的說法,後者是獨白式的文類,它包含悲劇、喜劇、歷史和修辭等,封鎖在一個封閉完足而穩定的語言體系裡面,並且具有十分強的排他性,凡不合乎正統的一律被排除在外。前者則被巴赫汀稱為對話式文類,它涵蓋田園詩、回憶錄、梅氏諷刺和座談錄等,是具有「嘉年華」色彩的文類。它們的特色是韻散夾雜,嚴肅與戲謔交替,引用方言、口號、轉述等,充滿創造力與隨機應變的活力。

在文化轉型期,戲擬是小說的主導話語策略。戲擬的對象是文學藝術中的其他類型,以及為文化和政治語境所滲透的生活話語。至於戲擬的意蘊,則須到與之有關的文化與政治語境中尋找。劉康歸納戲擬的形式大致有四種:㈠對他者語言風格的戲擬;㈡把他者話語看成具社會典型性的語言來戲擬;㈢對其他話語類型、風格的戲擬;㈣以上三種戲擬綜合、混雜的戲擬(一九九五,頁二三一)。劉康認為,《紅樓夢》、《三國演義》都是戲擬運用得十分成功的例子;在中國的現代文學史上,則有魯迅、老舍、張

天翼、錢鍾書等所寫的小說。八十年代，歷經文革而正值解放後的轉型社會，以調侃和痞子氣而自豪的王朔，又在中國大陸文化舞台上刮起了一陣解構旋風，模糊了雅與俗、嚴肅與荒唐的文化界限。蘇童、格非、余華、葉兆言和莫言等先鋒派小說家，以及九〇年代興起的方方、池莉等，均表現出十分明顯的戲擬性（同前引，頁二三七）。

　　與戲擬相似的話語策略是反諷（irony）。反諷是用相反的意思來反駁所引用的話語。這種話語策略即「話中有話」、「一語雙關」，亦即說反話，從字裡行間捕捉相反的意思。這種高明的「聽話」本領，在獨裁的政治之下是與文化生活息息相關的。來自大陸的劉康甚而認為，在大陸這種利用他者話語來指桑罵槐、借刀殺人的話語解釋學，不指是一種批評家的方法而已，是中國人的政治本能和生存本能（同前引，頁二三一）。劉康所說的這種情況是在線性引語掌控的獨白政治之下，語錄成為統治者維護政權和秩序的手段，這時候語錄向引用者的話語滲透和控制。相反的，圖性引語則是以其幽默和反諷來融解和消化語錄的意義，反諷因而是一種打破由線性引語過渡到圖性引語的手段。

　　在小說裡，戲擬和反諷作為一種高明的學舌手段，最大的貢獻是在引語中賦與其完全不同的主題。主題本是具體言談中獨特而不可重複的意義，產生於話語與話語之間的對話之中，講者／作者和聽者／主角之間。然而說話者在引用語錄時，便把語錄原來的主題改變了，他可以對它進行評論、辯駁，達到相互交流的目的。對引語的分析可以挖掘出字裡行間的意識型態和價值交換的內容。本論文在第五、第六章將對莫言的小說作實例的解析。

第二節　怪誕寫實主義

巴赫汀在中世紀和文藝復興時期的民間文化(folk culture)狂歡節裡，找到和官方相頡頏的反叛和顛覆聲音。狂歡節（carnival，音譯「嘉年華」）在巴赫汀那裡是專指文藝復興時代拉伯雷筆下的狂歡節，他以這個全民性的活動作為神學大一統權威的他者，與官方意識型態和精英文化對抗力量的象徵。狂歡節本是源於中世紀歐洲國家的民間節日宴會和遊行表演。這種節日的形式現在一直都有，在歐洲和南美洲仍然十分盛行。不過巴赫汀所說的狂歡節是文藝復興時期的狂歡節，而且主要取其藝術形象，尤指由狂歡節轉為文學的語言而論。巴赫汀在《拉伯雷和他的世界》一書中，闡述了狂歡節和狂歡化理論，盡情地歌頌了民間文化的自由，認為這種全民性的活動表現了反神學、反權威、反專制和爭平等的傾向。在《拉伯雷和他的世界》一書中，狂歡化側重的是拉伯雷首創的「怪誕現實主義」（grotesque realism）。其內容包括了「軀體的物質性原則」(material bodily principle)和「軀體的低下部位」(bodily lower stratum)，由飲食、性愛、排泄、死亡等描寫所構成的、與肉體相關的事件。其次是笑話，公眾廣場的俗語和粗鄙不入（上）流（billingsgate）的話語。從這裡我們可以看出巴赫汀的重點是在民俗（間）文化，更直接地再現了大眾文化對感官愉悅的追求，以及俚俗平民的日常生活面。這種論述的側重點可說是巴赫汀的獨到之處。

巴赫汀怪誕現實主義所著重的是生命的新舊交替，生存和死亡。肉體不再是被基督教神學所定義的罪惡和下賤；相反的，它蘊含了「肥沃、成長、豐盈繁盛」（fertility, growth,

brimming-over　abundance），是一個不斷成長、不斷再生，充滿
活力的肉體形象。因此它重視軀體的低下部位，亦即「卑賤化」
（degradation），「它將一切高尚的、精神的、理想的、抽象的
東西降低，轉移到物質性的水平，範圍是土地和肉體，及他們不
可切割的統一」（*RHW*，頁一九）。巴赫汀的「卑賤化」原則是將
一切崇高、偉大的理想從高位拉到低位，這種降位是針對人的肉
體部分，亦即對身體的關注由上部的頭腦拉到生殖器官，其意義
仍然要回到生命的不斷循環、生長，新舊交替的意義上。「降位
的意義是埋葬、播種、同時也是滅亡，為的是帶來更多更好的東
西」（*RHW*，頁二一）。肉體的低下部位和土地都具有繁殖的功能，
前者的排泄最後必須回歸大地，肥沃土地，成為作物生長的肥料。
死亡來臨時，並不意味著生命的結束，它以不同的形式和世界保
持聯繫，排泄即是方法的一種。死亡之後肉體回歸泥土，暗藏蘊
育新生的契機。

　　巴赫汀把軀體和宇宙萬象關聯起來，它和土地、水、火、空
氣一樣具有普遍性的意義，軀體本身就是一個開放的宇宙，因而
與一切身體相關的排泄、消化代謝，都不應該成為禁忌。怪誕意
象中，巴赫汀最為強調消化系統中的腸和具生育功能的生殖器官，
甚至把這些器官誇大和變形為身體最重要的部分；次則是飲食器
官——嘴，以及排泄器官肛門，這些器官是和世界交流的管道。
人和世界的關係是互相吞食（swallow up），人的排泄和死亡是
回歸大地，被世界所吞食；同樣的，人在吃的活動中吞食世界。
無論是吞食或被吞食，人體和世界都處在交流和溝通的狀態，絕
不是與世界隔離的。如此一來，巴赫汀就把生物的自然功能推展
到文化方面，其宗旨依然是對話和交流。世界總是生死循環不息，
死亡新生交替，一切都處在未完成的發展狀態。怪誕意象建構的

其實是兩副對話的軀體。性愛在傳遞生命歡樂的訊息時，巴赫汀強調的是其基本形式——（男）人與（女）人的交流。巴赫汀強調誇張、變形肉體感官的物質性，其意識型態十分明顯：與高尚的中心文化相抗衡，向社會文明的倫理規範所造成的壓抑挑戰，揭示種種被長久壓抑而成的禁忌之愉悅。人的肉體感性慾望在文明的壓抑與禁忌裡重新樹立起自己的正面形象，強調生命的創造性和開放性是卑賤化這一美學原則的目的。對肉體感官慾望的大膽追求，在正統文化裡被視為鄙俗、淫靡、下流，巴赫汀卻賦與它積極向上、富有生機的意義，是大眾文化之中的精華而非糟粕。它讚美生命力，歌頌生命的創造和消亡，詛咒一切妨礙生命力的僵化保守力量。

　　卑賤化的肉體形象是巴赫汀對生命和文化的重新思考，由此而導向的話語形式是狂歡節的說笑藝術和公眾廣場的俗語和不入流的粗鄙語言。相較於官方和中心定型的「雅言」，這些來自民間文化的方言俚語是自由和千變萬化的，它和人民的生活緊密相連，語言恆常處於未完成狀態，隨時增益刪改，絕非一成不變。在嬉笑罵人的當兒，語言總是蘊藏著雙重性，讚美和詛咒，褒與貶相互依偎。怪誕現實主義的意象牢牢抓緊對話與交流、生死交替、未完成性這些特質，語言也像大自然一樣不斷沿革，從舊到新，從死亡到新生過渡。相較於官方文化中讚美和詛咒涇渭分明，它是語言雜糅而多元。詛咒本是宗教裡純粹對魔鬼的詛咒，但是廣場的詛咒卻帶著戲擬的親暱。

　　廣場裡充斥粗話髒話下流話，狂笑戲謔之聲盈耳，高官顯貴和紳士淑女們都是狂歡節裡被廣場話語所包圍的對象，平時正經八百的教會僧侶們也難逃粗俗、不堪入耳髒話的攻擊，同時又被誇張地讚美。這種被巴赫汀稱為「加冠」（crowning）和「去冠」

（decrowning）的儀式是對教會和教皇的戲擬，平時高高在上的這時被拉到下位，巴赫汀的卑賤化觀點在這裡隱約可見。在這種笑罵並重的聲浪中，彼此拉近了距離，取消了階級高下之分。巴赫汀從這些市井之聲的卑賤化語言裡聽到了時代脈膊的跳動，以及與嚴肅、崇高、典雅、保守、僵化同時並存的大衆文化，聽到了衆聲喧嘩的聲音。

在廣場的卑賤化語言裡，笑罵和粗話總是離不開排泄物。這和巴赫汀的「軀體的物質化原則」思想緊密相連，即糞尿是大地的肥料，亦是創造和生長的基礎。它們既是不潔之物，又是再生的養分，生死總是相連繫，就如同廣場上的加冠和去冠，讚美和羞辱的並列，方言口語對官方所使用的拉丁文的戲擬，都充滿怪誕主義的顛覆特色❶。從狂歡節大衆語言雜糅的特色裡，巴赫汀挖掘了文化的當代性（contemporization）特徵，這即意味著文化自覺意識的紮根，而主體從此亦宣告誕生。

從「軀體的物質性原則」和「軀體的低下部位」這兩點審美原則，我們可以回應質疑莫言是自然主義作家的批評。莫言對暴力、肉體、流血和污穢之物不遺餘力的描寫，都是「貌似」自然主義，而實際上有其深刻的歷史和文化內涵，本論文將在第五、第六章作詳盡的論述。

第三節　梅尼普諷刺

巴赫汀在《杜斯妥也夫斯基的詩學問題》一書的第四章專門用梅尼普諷刺(Menippean satire)來討論杜的小說在塑造人物情節之時的獨到手法❷。巴赫汀認爲杜的小說是梅氏諷刺的楷模，杜不但保存了此一創始於西元前三世紀的古典文類的特色，而且

使其重生與更新。杜的成功在於他加入了哲理和社會問題的思考，因而在他的小說裡所呈現的梅氏諷刺，遠遠超越了它的創始者，相較之下，原有的梅氏諷刺反而顯得「原始而蒼白」（primitive and pale）。巴赫汀的這種看法和他對文類的見解有關，他強調「沒有一種文類可以取代舊的文類」（PDP，頁二七一），新的文類可以結合舊的文類，帶動文體的演變，文類在現代化的同時，既保存了過去的記憶，也保有時代的特色。杜的小說比古代的梅氏諷刺豐富就是因爲他善加利用組合其他的文類；這些文類如書信體、座談會，散文的加入使小說呈現出時代的對話和多重聲音（polyphonism）。

　　梅尼普諷刺這種雜糅的文體是狂歡化的典型文體，體現了狂歡節的精神與文化風格。巴赫汀尤其重視它的語言混雜，認爲這兩者都是精英文化中的他者，和拉伯雷的怪誕現實主義同樣具有離心和邊緣的特色。梅氏諷刺是羅馬文化中的他者，對希臘文化自我的戲擬。巴赫汀在《杜斯妥也夫斯基的詩學問題》一書中，用嘉年華文類的特質來註解梅氏諷刺，認爲它是大眾文化狂歡節的化身。梅尼普諷刺和拉伯雷的怪誕現實主義同爲精英文化中的「他者」，卻有很大的不同：前者是以弘揚「肉體的低下部位」和「肉體的物質化原則」，後者則是以哲學的對話和思想，來探討人生和宗教以及生死的問題的他者。這種具哲理性和心理性的特徵，和拉伯雷式對感官慾望的歌詠是截然不同的。

　　巴赫汀總結梅尼普諷刺一共有十四點❸，歸納起來大約有以下七點：㈠強調喜劇(笑)的成分；㈡結構自由，作情節與哲理上的虛構，不受限於史實，也不必寫實；㈢梅尼普創造的是思想的經歷和冒險，勇於捏造虛幻或冒險的故事情節，以天國、地獄和夢鄉來傳達某些理念；㈣梅尼普諷刺的「陋巷自然主義」（slum naturalism）❹最具狂歡化特色，荒誕的故事和寓言總是和神聖的宗教結合，在低俗的市井、妓院、街道、賊窩和監獄裡，睿智之士與市井之徒大談眞理，這點和拉伯雷的怪誕現實主義的卑賤化收顚覆的異曲同工之效；㈤梅尼普諷刺包括了「門檻的對話」（threshold dialogue），「死人的對話」(dialogues of dead)和「實驗式幻想」(experimental fantasticality)。所謂門檻，指的是跨越天國、人間、地獄的關口。巴赫汀以這三個概念來探討一些被當時的正統文學摒在門外的離經叛道作品，即他稱爲嘉年華式的狂歡化小說；㈥精神分裂、失常的描寫是梅尼普諷刺的重點，或籍著主角與自我的對話，以便突顯對話的他者之存在，典型場景是鬧劇；㈦它和時代的關係緊密，最具新聞的時效性（journalistic），舉凡宗教、哲學、科學的發展和趨勢，以及社會名流和歷史事件都是它所關心的範圍，因而它緊緊扣住了社會的脈動。這些龐雜的梅尼普諷刺特色，王安琪以爲是巴赫汀一貫堅持的「異質性」，使其構成了一種整體的連貫性，這「異質性」就是梅氏諷刺的內在精神（一九九〇，頁一一七）。

梅尼普諷刺的形成背景和拉伯雷並不相似，巴赫汀認定梅尼普諷刺是大眾狂歡節的前驅，亦是杜斯妥也夫斯基的創作主導。杜的小說哲理性和思想性很強，他擅長描寫人物的精神與內心層面，不同於拉伯雷式的山海肉林式的狂放風格；但是，巴赫汀仍然在杜的小說中找到了狂歡節的最重要因素，他宣稱杜的小說是「爲思想哲學穿上藝妓的雜色衣服」（*PDP*，頁一三四）。梅尼普諷刺正是用藝妓的這種形象和低下的階層來妝扮思想和哲學，這又是具拉伯雷卑賤化傾向的例子。

杜斯妥也夫斯基的梅尼普諷刺和拉伯雷的怪誕現實主義是巴赫汀論述複調小說的兩把鑰匙。轉型中的當代中國大陸的文化氛

圍提供了文學的狂歡節氣候，正是在這樣的土壤中，巴赫汀所說
的複調小說得以突破毛澤東時期的獨白。莫言的狂歡化語言和書
寫形式，十分具梅尼普諷刺的精髓和拉伯雷的怪誕現實主義的卑
賤化特色，他在文字和文體上的戲擬，充分顯示出其語言的顛覆
性，正是在這樣具多重狂歡的基礎上，他書寫了以「莫言」為主
體的歷史。

【註釋】

❶劉康指出，歐美的評論界目前持有一種觀點，認為巴赫汀所推崇的
　「怪誕現實主義」、「狂歡節風格」、杜斯妥也夫斯基的「更高意義
　的現實主義」，實際上更接近以喬哀斯為代表的現代主義，以及七〇
　年代風靡歐美的南美「魔幻現實主義」（一九九五，頁一〇八）。尤
　其是「怪誕現實主義」在刻意渲染「肉體的物質性原則」方面，和魔
　幻寫實主義有著驚人的相似（頁三〇四）。不過，劉康並沒有作進一
　步的論述。如果我們仔細梳爬二者便會發現，其實可以以「刻意」與
　「不刻意」來區別二者的不同。「魔幻寫實主義」是一種具拉美區域
　特色和風格的形式和手法，它並不刻意標榜「怪誕」，而是在那個神
　秘的熱帶雨林原，原來就有許多住在文明世界的人類無法理解和想像
　的稀奇事情，再則魔幻寫實的作者創作吸收了印第安人的神秘世界觀
　和宇宙觀，在他們看來，許多文明人認為十分稀奇的事，其實一點
　也不值得大驚小怪。至於「怪誕現實主義」則是巴赫汀用以概括《拉
　伯雷和他的世界》的特殊批評術語，巴赫汀「刻意」從拉伯雷的小說
　裡找出和中心一元意識相頡頏的聲音，那就是相對於正統文學的高雅
　和崇高，拉伯雷的卑賤和怪誕格外具有「當代性」，扣緊時代的脈動，
　突顯大眾文化的色彩。

❷傅來（Northrop Frye）的《批評的剖析》（*Anatomy of Criticism*）

也曾探討過梅氏諷刺，不過他覺得梅氏諷刺一詞拗口，將之改爲「剖析」文類（the anatomy），並說它是散文虛構文學(prose fiction)的四大文類之一，其它三類是小說（novel）、自白（confession）和傳奇（romance）。他和巴赫汀一樣對梅氏諷刺都有相見恨晚的感覺。關於巴赫汀和傅來對梅氏的不同見解，可參見王安琪的〈巴赫汀與傅來：論曼氏諷刺〉，頁一〇七～一二七，王稱梅氏諷刺爲曼氏諷刺。

❸王安琪在〈巴赫汀與傅來：論曼氏諷刺〉一文曾將這十四種特點整理出來，出處見上註。

❹劉康譯作「貧民窟自然主義」，這裡採用王安琪的譯法。

第五章 「嘉年華」的生命形式

第一節 肉體和慾望的合理性逆轉

在莫言備受好評的第一部長篇《紅高粱家族》裡，肉體和慾望這兩個獨白時期文學視爲禁忌的主題，被逆轉爲驅動革命和改變歷史的力量。莫言對肉體和慾望的描寫大多是寓言性的，用以表現他對傳統和社會的批判；這兩者同時又是莫言對原始生命力的謳歌和禮讚。在《紅高粱家族》之前，這兩個主題於〈白狗鞦韆架〉和〈金髮嬰兒〉（一九八五）已露端倪，到了《紅高粱家族》階段，莫言已經清楚的意識到他對生命的探索方式，以及對文化和歷史的重新思考。備受爭議的〈紅蝗〉發表時，這兩個主題已轉化爲大肆揭露「不入流」的污穢排泄物描述，以及與我們身體器官的種種書寫，形成令保守讀者／評論者咋舌的挑釁書寫❶。莫言對禮教大防的逾越，與「正統」文學相背的「不正經」敘述方式，卻是巴赫汀一再津津樂道的嘉年華式的敘事言談。莫言以怪誕和誇張的語言來書寫肉體和感官慾望的需求，這包括性、情慾、愛情、對食物的渴望，以及生存本能等；其小說所呈現的「軀體的物質性原則」意味著主體生命意識的覺醒，也是對倫理道德的質疑和對話。

我們的身體本來是生理運作的所在，但是在許多複雜的意識形態和權力的運作之下，它成爲一種「禁忌」，尤其是和「性」

相關的一切話題。傅柯(Michel Foucault，一九二六～一九八四)
梳理整個歐洲的歷史發現，身體和言談是從一個相對開放的時期
走向一個越來越受壓抑和虛偽的時代。這個歷程的變化時間是在
十九世紀，歡笑被「維多利亞時代資產階級的沉悶夜晚」所代替，
性慾被限在家門之內，甚至只限於父母的臥房，變成了索然無味
而實用的東西。性等同於「生產」，一切不符合一種嚴格的、壓
抑性的和虛偽的準則的行為、言語和慾望都要受到嚴厲的禁止。
傅柯揭示：我們的性慾是同某種別的東西聯結在一起的，這種
「別的東西」就是權力的具體形式（德雷福斯／拉比諾著，錢俊譯，
一九九二，頁一六七～一六八）。「性」作為一種生命的原始形式，
卻必須在權力機制的控制下被壓抑，成為體制的一部分，聽任體
制的擺佈。莫言的小說對性的書寫可視為與體制抗衡的歧異聲音。
在形式上，他係用魔幻寫實、意識流、後設等敘述手法，來顛覆
革命現實主義和浪漫革命現實主義囿於寫實的方法；形式的革新
自有其在文化上的意義，那就是中心意識型態的解體，對話場域
的開放，以及文學進入複調的美學時期。莫言結合內容和形式的
實驗性小說，因此是一種具「當代性」的異質性聲音。

　　性這一主題在莫言的筆下是主體意識的借喻。〈白狗鞦韆架〉
裡的暖原是敘述者的童年玩伴，因不慎從鞦韆架摔下以致瞎了一
隻眼，這突來的災難卻注定了她這一生與幸福絕緣的命運。由於
身體的殘缺，間接導致她和聾子的婚姻，也因此生下三個又聾又
啞的兒子。面對一屋子啞巴，她對生活卻依然存有一個強烈的願
望——生一個能說話的孩子。為此，她不惜向返鄉的敘述者索歡。
這卑微而低鄙的畸想／奇想，卻是暖自主意識的呈現。莫言透過
女性對自身肉體感官慾望的自主，作為女性主體意識的覺醒和對
傳統倫理道德的批判。〈白狗鞦韆架〉所演繹的是人性／女性慾

望的茁壯和頑強。就像暖的美貌曾經讓她對生活存有憧憬（對英俊的文藝兵隊蔡隊長的愛慕），但是一場突來的意外(瞎了單眼)卻令她跌入了人間地獄。敘述者的出現正好提供了缺口，做為慾望甦醒的出路。在顛倒的人世裡，她唯一能做的，是以「其人之道抗拒其人之身」──同樣以顛倒道德的世俗標準──偷情，來挑戰無法違逆的命運。對她來說，把她救離地獄的方法，是「給她一個會說話的孩子」──這是對道德的社會標準(social norm)的改寫，以肉體來逆轉生命低下處境的方式，同時在人間已成形的悲劇裡，以個體的自主意識扭轉它成悲喜劇的模式。

　　性愛的覺醒在〈金髮嬰兒〉則是一種體現主體的儀式（ritual）。這篇小說的關鍵是一尊裸女雕像。她在警備區七連指導員孫天球心裡，是把肉體感官慾望由「褻瀆」轉成「神聖」的媒介。孫對軍人的崇高神聖有一種固執的潔癖，視慾望為禁忌，隊裡的人都戲謔他是禁慾主義者。他和妻子紫荊所過的是「有名無實」的柏拉圖式婚姻生活。在他竭力抗拒那座裸體漁女塑像的引誘，不斷作拉据戰的時候，其實是質詢社會和教育體制對人類慾望不合理的壓抑。漁女塑像多次和妻子的身體作蒙太奇式的重疊，漁女因此其實是妻子的替身。漁女最後被衛道之士用大紅布裹起來之後，卻是由孫把紅布揭下。此舉無疑十分具有嘉年華的「加冠」意味，裸體的漁女在孫的眼裡原來是敗德的象徵，然而現在卻成了美的代表。這是對肉體美的肯定，也是對規範倫理的顛覆，同時也引發「美」和「道德」觀念的討論。美的觀念產生於人類社會，根本上是意識型態，也即價值觀、價值系統的概念，是與自然物質現象完全不同的。在「社會主義現實主義」的大纛下，人的肉體是「禁忌」，一切與肉體相關的感官慾望都是「自然主義」的❷，不是被革命的理想賦與神聖的意義，就是被禁止書寫。

莫言對肉體和慾望的合理逆轉，無疑也是對「社會主義現實主義」文學規則的反思。

　　莫言對肉體和慾望的合理性逆轉，可以〈紅高粱〉這段對高密東北鄉融讚美與詆毀的體悟為證：

> 我終於悟到，高密東北鄉無疑是地球上最美麗最醜陋、最超脫最世俗、最聖潔最齷齪、最英雄好漢最王八蛋、最能喝酒最能愛的地方。（一九八九 c，頁二）

這段文字是在對世俗的道德作一種摧枯拉朽、顛倒是非的反論，也是嘉年華的「加冠」和「去冠」儀式——對一切處在上位的、美的、超脫的、聖潔的作卑賤化的降位，對一切已成教條的審美標準的質疑，重新思索被社會主義定為一尊的好壞、優劣之分。好壞原無定分，世間的一切標準實際上都是相對衍生的。〈紅高粱〉裡有一段奶奶在臨死前的遺言，正呼應了上引的敘述者的觀點：

> 天哪！天……天賜我情人，天賜我兒子，天賜我財富，天賜我三十年紅高粱般充實的生活。天，你既然給了我，就不要再收回，你寬恕了我吧，你放了我吧！天，你認為我有罪嗎？你認為我跟一個麻瘋病人同枕交頸，生出一窩癩皮爛肉的魔鬼，使這個美麗的世界污穢不堪是對還是錯？天，甚麼叫貞節？甚麼叫正道？甚麼是善良？甚麼是邪惡？你一直沒有告訴過我，我只有按著我自己的想法去辦，我愛幸福，我愛力量，我愛美，我的身體是我的，我為自己做主，我不怕罪，不怕罰，我不怕進你的十八層地獄。我該做的都做了，該幹的都幹了，我甚麼都不怕。但我不想死，我要活，我要多看幾眼這個世界，我的天哪……
>
> （頁九一）

所謂對錯、貞節、正道、善良和邪惡，並沒有一個「天」訂的標準，亦即沒有永恆不變的眞理可以置諸生生世世而皆準，就像〈白狗鞦韆架〉裡瞎了一隻眼的暖，她那低鄙的畸想，是莫言和道德倫理的一次對話，這個畸想宜作寓言式的解讀，亦即當代國家民族的歷史情境的折射，以現實及想像的醜怪對抗毛式的「太虛幻境」的僞美（王德威，一九八八，頁二二〇）。奶奶臨死前對天所做的質詢，亦可視爲與歷史的對話，和一元審美觀的辯論。其次，這段話的後半部是自主意識的實現，「我的身體是我的，我爲自己做主」是主角戴鳳蓮對聆聽者（天，讀者，敘述者）所作的生命宣言，宣告主角做爲一個獨立主體的存在，對自己的命運和生命有絕對的自主能力。

戴鳳蓮對貞節和對錯的辯正，是針對夫妻和父女這兩個倫常。戴鳳蓮原是被她的父親以一頭「大黑驢」的商品代價嫁給了痲瘋病患單家的兒子。她不甘心，爲了爭取幸福，她和抬轎夫余占鰲私通後，又與余合謀殺死單家父子。爲了穩住自己在單家的地位，在男人的世界中取得一席之地，戴鳳蓮和掌櫃羅漢大爺也有曖昧不清的關係。這些都是道德倫理所唾棄的淫穢之事，是不容於世俗的；但是這些不被他人所容忍的事，在她心裡卻是可以「我的身體是我的，我要自己做主」這一觀念來做反面的扭轉。戴鳳蓮的自主意識，是在余占鰲握住她的小腳之後再送回轎裡之後才覺醒的。敘述者說「余占鰲就是因爲握了我奶奶的腳喚醒了他心中偉大的創造新生活的靈感，從此徹底改變了他的一生，也徹底改變了我奶奶的一生」（同前引，頁五六）。這一握無疑是彼此無言的溝通和許諾，余占鰲對於戴鳳蓮來說，是「他者」的出現，反之亦然。按巴赫汀所啓發的思路來看，他者使自我（戴鳳蓮）意識到主體完成的必要性，同時也喚起了余占鰲對未來生活的憧憬，

在這個意義上來說，戴鳳蓮扮演的角色亦是令余占鰲的他者。

這裡必須強調的是「腳」——人體最低下的部位。它產生的動力卻足以改變兩個人的一生，影響敘述者筆下高密東北鄉的歷史，進而使敘述者得以召喚那些遊蕩在高密東北鄉裡的英魂，使不肖子孫的敘述者「我」意識到「種的退化」。如此強大的影響，卻是身體最卑下、最不受重視的部位所造成的。它和巴赫汀所認定的肉體的低下部位，如消化系統、生殖器官、飲食器官等同樣具有和土地／世界交流的作用；莫言卻讓它取代語言，成爲眉目傳情的工具。敘述者認爲，「在極長的一段歷史時期裡，女人的腳，異化成一種準性器官，嬌小玲瓏的尖腳使那時的男子獲得一種包含著很多情欲成分的審美快感」（頁一一一）。戴鳳蓮的腳被陌生男人捉住的那一刹那並沒有掙扎，她甚至想掀開轎簾看看對方是個怎麼樣的人。這裡莫言強調了慾望的動力——戴鳳蓮追求個體的幸福希望，是被這「生著溫暖的年輕大手」(頁五六)推動、強化的，所以她被蒙面劫路人劫走時，是帶著「亢奮的眼睛」、「燦然的笑容」，比劫路人余占鰲還要平靜的態度施施然走的。

〈紅高粱〉以腳拉開「我爺爺、我奶奶」的歷史序幕，以腳驅動歷史流程，強調的是肉體低下部位的功用，繼而以火辣辣的性慾描寫來擺脫禮教的桎梏。誠如莫言所說的，山東是孔孟的故鄉，倫理道德觀念尤其牢固，他認爲這片土地的封建思想深厚博大，《紅高粱家族》裡寫爺爺奶奶白晝宣淫是對封建主義的反抗（一九九二，頁四一一）。在禮教的桎梏下，人性同樣受到約束，而莫言卻以一群生命力原始得近乎粗俗的男女來顛覆這種「高雅」的傳統，正如張藝謀在〈我拍《紅高粱》〉一文所說的：

> 我當初看中莫言的這篇小說，就跟在高粱地裡的感覺一樣，
> 覺得小說裡的這片高粱地，這些神事兒，這些男人女人，

豪爽開朗，曠達豁然，生生死死中狂放出渾身的熱氣活力，
隨心所欲裡透出作人的自在和快樂。……中國人原本皮色
就黃，伙食又一般，遇事又愛琢磨，待一腦門子的官司走
順了，則舉止圓滑，言語低回，便少了許多作人的熱情，
半天打不出一個屁。我把《紅高粱》搞成今天這副濃濃烈
烈、張張揚揚的樣子，充其量也就是說了「人活一口氣」
這麼一個拙直淺顯的意思。

（轉引自張小虹，一九八九，頁一二三）

張藝謀所說的「這些男人女人，豪爽開朗，曠達豁然，生生死死
中狂放出渾身的熱氣活力，隨心所欲裡透出作人的自在快樂」，
和莫言所說的對封建主義的反抗，同樣是追求一個原始活潑的民
俗空間，讓個體的自由意志得以成長。《紅高粱家族》首先祭出
「我奶奶」戴鳳蓮和「我爺爺」余占鰲的「野合」來顛覆已經腐
朽的禮教。至於作為腐朽禮教象徵的，正是那對麻瘋病患的單家
父子(張小虹，一九八九，頁一二三)。戴鳳蓮和余占鰲在排山倒海、
生機勃勃的高粱地裡耕雲播雨，是對人間法規的蔑視，同時也象
徵戴鳳蓮的重生。對肉體感官慾望的大膽追求在正統文化裡被視
為鄙俗、淫糜、下流，戴鳳蓮卻以此向社會文明的倫理規範挑戰
——爭取個體的生命自由意志。正如巴赫汀所闡述的，肉體一點
也不罪惡或下賤，相反的，它蘊含了「肥沃、成長、豐盈繁盛」
（fertility, growth, brimming-over abundance），是一個不
斷成長，不斷再生，充滿活力的形象。性愛傳遞了生命歡樂的訊
息時，也賦與戴鳳蓮再生的力量 。 莫言處理他們在高粱地裡的
「野合」，並不僅是男人與女人的交流，而是人類與萬物的對話。
黑色的高粱地是豐饒的母體意象，茂密的高粱無邊無際，直瀉而
下的陽光構成風和日麗的流動場景。與此對比的一組意象是躺在

地上的奶奶（相對於豐繞的高粱地），和跪在地上的爺爺（相對
於直瀉而下的陽光），他們孕育出下一代「我父親」這「野種」
（相對於無人耕種和收割的野高粱），就像是一場和天地對話的
神聖儀式。

　　單家父子被殺死之後，凡是他們用過的被褥，穿過的衣服，
鋪過的炕席，用過的鍋碗瓢盆、針頭線腦，全都潑上燒酒點火燒
盡，燒剩的全都掘坑深埋。此外尚把裡裡外外灑酒，重新擦拭一
遍，炕上再鋪換上新草和新席，把舊的一律除新。這清理房舍的
過程是一次儀式，是慶祝腐朽的死亡，活力的誕生。這裡也展現
了民俗文化新陳代謝的過程與不斷更新的活力，也由此可見得由
肉體與慾望所發動的創造力量。

　　如果說肉體與慾望所誘發的力量足以創造一次嘉年華會似的
革新，那麼高粱酒是促使其加速發酵的要因。從來沒有喝過酒的
戴鳳蓮，第一次喝酒竟然一口氣喝下半瓢，這是上天注定她掌管
單家釀酒事業的最具說服力的理由。能飲表示她的豪氣不輸男人，
也意味著她有統領眾男工的能力。酒同時具有殺菌和沖刷腐朽的
功能，是酒使單家從一麻瘋地獄更新爲一充滿活力的人間天堂。
奶奶自從經過酒的洗禮之後，無酒不歡，酒使她擁有男兒的魄力。
不過，酒也發酵了余占鰲和戀兒的情慾。我奶奶吸引我爺爺余占
鰲的是她的小腳；至於戀兒，莫言著重的則是她的豐厚嘴唇。戀
兒由於陪著奶奶喝酒，也練就了好酒量，「酒使人性格豪爽，俠
義肝膽，臨危不懼，視死如歸；酒也使人放浪形骸，醉生夢死，
腐化墮落，水性楊花」（頁三七〇），前半說的是酒對奶奶的作用，
後半則是酒之於戀兒的催化。酒是十分具歧義性的媒介，它使一
則浪漫完美的愛情產生缺憾／缺口，引導敘事的變化，使愛情故
事最後添加了恐怖（戀兒屍變）的情節，從而導出與通俗愛情故

事以完滿收場相反的書寫模式。

在《紅高粱家族》裡，莫言把肉體和慾望看成是驅動高密東北鄉歷史的動力，這兩者也同時具有強大的摧毀力量。二奶奶戀兒最後因為她的姣好美麗而被六個日本鬼子摧殘至死。她原想以自己的肉體換得女兒的生命，卻沒想到換來的反而是二者皆失的悲慘結局；不過，肉體的破壞卻消解了她和奶奶之間的宿怨。莫言似乎在暗示這樣一個事實：世間種種情慾皆因肉體的存在而存在，一旦肉體瓦解，一切便都回歸黑色的肥沃土地，讓大地吸納一切恩怨情仇。被日本人殺死的小姑姑屍體最後也一樣得回到大地裡，扔到死孩子夼，成為大自然食物鏈的一部分。死亡是回歸大地，被世界所吞食。依據巴赫汀的對話理論，世界總是生死循環不息，死亡新生交替，二奶奶雖然死了，卻促成爺爺和奶奶的舊情復燃。

奶奶後來躺在高粱地裡的死亡，莫言也同樣賦予它「生」的莊嚴和隆重，並且在死亡將臨之際，穿插她和爺爺第一次在高粱地裡的溫存場景，藉著回憶重現當年的狂歡和痛苦來歌頌生命的創造和消亡；奶奶在高粱地的「死亡」和當年她在高粱地的「重生」具有同等隆重的意義。彌留之際，她在幻象裡看見幾百個鄉親在高粱地裡手舞足蹈；這是對死亡的歌頌，對一生與高粱酒為伍的人而言，這樣的死亡儀式無疑是完美的。對奶奶來說，死亡是「完成了自己的解放」，因而她在彌留之際，只覺得「快樂、寧靜、溫暖、和諧而心滿意足」。其中「天哪！我的天……」（頁九四）這句最後的遺言，是當年她與爺爺「野合」時，被尖刻銳利的痛楚和幸福磨礪著神經時，所使用的感嘆詞相同。奶奶臨終前望著高粱與高粱上的青天，青天飛下一群象徵平和的白鴿，這時她只感到「最後一絲與人世間的聯繫即將切斷，所有憂慮、

痛苦、緊張、沮喪都落在了高粱地裡，都冰雹般打在高粱梢頭，在黑土上開花，結出酸澀的果實，讓下一代又一代承受」（頁九三）。死亡並不意味著生命的結束；肉體回歸泥土，是以不同的形式和世界保持聯繫，就像巴赫汀所認定的，死亡和排泄都是肥沃土地的方式，這種生命循環是新生的契機。

《紅高粱家族》所演繹的，是高密東北鄉高粱地裡生死存亡的歷史。這個歷史係由肉體與慾望所主導，而高粱則作為生命力的象徵（周英雄，一九八九b，頁五〇八）。換言之，肉體與慾望和高粱互為指涉，高粱也同時見證了所有構成高密東北鄉的生命史。純種高粱無需照管一樣可以長得碩壯無朋，它的頑強就像中國人的生命力。張藝謀曾這樣形容過它：

> 高粱這東西天性喜水，一場雨下透了，你就在地裡聽，四周圍全是亂七八糟的動靜。棵棵高粱都跟孩子似的，嘴裡哼哼著，渾身的骨節全脆響，眼瞅著一節一節往上竄。人淹在高粱棵子裡，直覺著彷彿置身於一個生育大廣場，滿世界都是綠，滿耳朵都是響，滿眼睛都是活脫脫的生靈。
> （轉引自張小虹，一九八九，頁一二五）

周英雄認為這「生育的大廣場」起初僅僅提供敘述的背景，可是到末了，高粱卻成為人類生命的終極意義，也就是由起初人類喜怒哀樂的背景，演變成人類的圖騰，因此高粱的命運其實是與人的命運合為一體的。隨著人種的退化，純種高粱也逐漸為雜種高粱所取代（同前引，頁五〇九）。「我」再也沒有爺爺奶奶賁張的生命力，只能以幻想追隨著父親追隨過的、以及以爺爺的幻想去追悼那個轟轟烈烈的時代。

莫言對生命的讚美，往往是生命慾望和生命感覺的外化；愛情，則是他最常處理的主題。不過，他寫愛情慣例是以健康俊美

的吸引力作爲誘因。張志忠認爲莫言筆下的愛情，是一群熱血漢
子和風流女兒的結合，是兩個生機勃勃的生命力的撞擊，是人的
自然，人的天性的必然流露，是不滅的天性反抗顛倒世界的最高
的一種形式，沒有賈寶玉和林黛玉那種曲折細膩的含蓄纏綿（一
九九〇，頁九四）。以〈金髮嬰兒〉（一九八五）裡的紫荊爲例，
她的孝順並沒有引起孫天球任何情感的波瀾，只有藉由那座充滿
誘惑力的裸體漁女塑像挑動他對紫荊的思念。在漁女塑像與紫荊
的影像合而爲一，「心靈美」轉化成「肉體美」之後，他們之間
的愛情方爲可能。同樣的，長期壓抑的紫荊，卻被充滿活力、作
爲男性象徵的大公雞挑起了情慾：

> 她把上身探過去，把公雞接過來抱在懷裡，像抱著一個嬰
> 孩。她用手撫摸著公雞羽毛，心跳得急一陣慢一陣。公雞
> 羽毛蓬鬆柔軟，彈性豐富，充滿著力量。她摸著摸著，呼
> 吸越來越急促，胳膊使勁往裡收。公雞拼命掙扎起來，尖
> 利的腳趾蹬著她的胸脯，她感到又痛又愜意。後來，「嗤
> 啦」一聲響，雞爪把她的褂子撕裂了，露出了她雙乳之間
> 那道幽邃的暗影。（一九八五ｂ，頁五一）

這隻火紅色的大公雞是造成她情慾迸發的媒介，使她被壓抑和禁
錮的情慾在溫熱、充滿力量的生命力撞擊下甦醒。

　　情慾對生命所產生的強大創造力／摧毀力在〈築路〉（一九
八六）裡同樣具有扭轉的作用。築路隊伍是聚集了一群烏合之衆、
偷雞摸狗幾近勞改隊的「人渣」所組成的，每個人都有十分不名
譽的過去，現在在勞改隊裡苟全卑微地活著。他們不知道築路要
築到甚麼時候，就像命運對他們的詛咒似乎從未停止：失去妻女
多年的劉羅鍋一心想照顧酷似自己女兒的少女回秀姑娘，卻被她
誤以爲是非禮，結果被壓路機手武東打死。來書偶然地發現了一

罈金子,卻又患得患失,最終金子被孫巴竊走而發瘋。獲得意外
之財的孫巴也沒有好下場,他剛出世的親生女兒命喪野狗群,使
得他悔慟不已,終於吞金自殺。

在這群卑下的人裡面,唯有隊長楊六九和當地賣豆腐的居民
白蕎麥轟轟烈烈的愛情才有飛揚的生命力。和白蕎麥私奔前,楊
六九先是唆使孫巴殺了白蕎麥的黑狗,而後他自己手刃了她那已
經變成植物人的丈夫。讓楊六九產生殺人勇氣的,正是和白蕎麥
所賣的豆腐同樣白腴豐潤的身體。使白蕎麥敢於突破世俗的道德
框限的,也是來自楊六九健壯身體的吸引力/破壞力。與此對比
的是像僵屍一樣、渾身腐臭、只剩心臟還在跳動的白的丈夫。敘
述者非但沒有譴責這椿在世人看來是傷天害理的敗德事,反而把
殺人等同於救人——把白蕎麥救離那寂寞空洞的家和行如死屍的
丈夫,以及有名無實的婚姻。這個敘事方式和戴鳳蓮默默許諾余
占鰲殺死單家父子的情況相似,〈築路〉裡的白蕎麥和戴鳳蓮、
單扁郎和白的丈夫呈現相同的生命情境。莫言在這裡逆轉了倫理
道德的規範,白蕎麥恪守「婦德」、爲丈夫「端屎端尿侍候了他
六年」(一九九三 c,頁一三〇),原是傳統道德裡的「貞婦」。
她和情夫聯手殺死自己的丈夫,本來意味著她「貞婦」美德的敗
壞;然而在莫言的筆下,丈夫的死亡卻成就了白蕎麥的重生,儘
管這重生是世俗的(profance resurrection),和耶穌的重生意
義迥異。肉體之愛產生了新的道德觀,也創造了奇蹟,那就是白
蕎麥寧願讓已形同朽木的丈夫被殺死,以換取自己活著的幸福。
這就是張藝謀拍《紅高粱》所說的,白蕎麥充其量不過是爲了
「人活一口氣」的生存意義。

〈球狀閃電〉裡的蟈蟈和繭兒的結合同樣是起於物質的誘惑,
而且是令人十分意外的媒介——水紅衫子——所造成的「錯誤」。

莫言小說的「軀體的物質性原則」在這篇小說裡強烈得足以撮合一樁婚姻；水紅衫子無疑具有魔幻的魅力，它同時也是情慾的象徵。繭兒的長相十分平凡，甚至有些難看，蝈蝈對她可以說是厭惡的。水紅衫子使蝈蝈產生了幻想，它改變了繭兒的呆板，使蝈蝈的眼裡「流露出憂鬱的溫柔和甜蜜的憂愁……心一陣陣發冷發熱……金色蘆葦中的水紅衫子，把他一下子推出去很遠，空氣裡充滿了山林野獸的生氣蓬勃的味道」（一九九四 b，頁一四二）。顯而易見，水紅衫子變成了烏托邦的催生者，它創造了一個幻境，藉由外界光線的變化，它也推動著不同的情緒：

> 陽光中的銀白的光線正在減少，紫光紅光逐漸增強，蘆葦的色調愈加溫暖。水紅衫子！你越來越醒目，越來越美麗，你使我又興奮又煩惱，我不知是愛你還是恨你。你像一團燃燒的火，你周圍的蘆葦轉瞬間就由金黃變成了橘紅。水紅衫子！你像磁石一樣吸引著我站起來。你不要後退呀！你後退我前進。水紅衫子，你幹麼畏畏縮縮，身後欻欻拉拉響著蘆葦。水紅衫子，你使我變成了一隻緊張的飛蛾……。（頁一四二）

水紅衫子變成了繭兒的代替品，透過把人「物化」的轉換，繭兒和自然環境的光線融成一體，四周濃密的蘆葦場景類似《紅高粱家族》戴鳳蓮和余占鰲交合的場面。但是後者表現的是一種壯烈美，一種和天地對話交流，生命獲得自主飽滿流暢的歡愉。蝈蝈和繭兒的場景卻是由幻想所提供的美的幻影。繭兒成為蝈蝈的妻子之後，先前的幻影使蝈蝈墮入毫無情趣可言的枯寂生活；兩人的生命互相牽制，變成失去自主意識的個體。

〈球狀閃電〉裡，蝈蝈和繭兒交合的情形，和戴余二人的剛好相反。後者是男性余占鰲一節一節地跪下來，躺在地上的是女

性戴鳳蓮；前者是蝈蝈先跪在蘆葦地上，繭兒跟著跪下來，二人親吻之後，女的依然跪著，男的卻仰面朝天躺在地上，這和戴余二人向天地宣告的儀式正好相反。這似乎暗示了兩種相反的生命形式。性愛在前者是建立自我的積極力量，在後者則是摧毀性的。在蝈蝈和繭兒交合的過程中，刺蝟是參與敘述的目擊者。牠對繭兒所持的同情和擔心的態度也只是徒然，儘管牠不斷提醒繭兒又不斷詛咒蝈蝈，但是牠的焦慮卻只能成爲獨白，牠無法與繭兒交流／對話的。繭兒所有的想法和愛意也只能是自己的獨白，蝈蝈與她就像她與刺蝟。她一直活在自己的封閉的世界裡。在這篇小說裡，莫言似乎在暗示，情慾和肉體是男女互相交流的首要條件，是作爲自主意識的建立的要因。

肉體和慾望在莫言的小說裡是原始生命力的象徵，這兩者的形象描寫是寓言性的。它們只是一種借喻，用於表現作者對獨白時期禁忌的打破以及對傳統的批判和顛覆。相對於左翼作家把肉體和慾望作革命式的昇華處理，使之服膺於政治，成爲革命工具的崇高美學範疇，莫言卻把二者作卑賤化的降位，讓它們回歸到美的本源；同時也顛覆了這兩者在道德規範裡作爲罪惡淵藪和書寫禁忌的傳統框限。

第二節　「怪誕」的眾生喧嘩

莫言小說風格的詭譎多變，題材的突兀駭人，可以巴赫汀的「怪誕」美學來概括之。相對於毛文體的高大全要求，莫言小說驚世駭俗的怪誕，自有其具「當代性」（comtemporization）的歷史意義。王德威認爲八〇年代以來的中國小說，最引人注目的一點，可以「怪」字形容之（一九九三，頁二〇四）。在鄉土尋根，

魔幻寫實等流派之下，這時期小說的共同特徵是形諸於角色的塑造，以醜怪畸零人物取勝，可以「畸人行」總稱當代大陸小說的眾生「怪」相（一九八八，頁二〇九）：

> 翻開中國的文學史，我們實在還找不出一個時期，曾呈現如此多量的怪誕角色，並賦予其如此繁複的意義象徵。新一輩的大陸作家由瞎子啞巴寫到瘋子駝子；由性無能寫到小腳癖；由軟骨症寫到活死人，更不用說瘋子白痴神經病。一時之間，前輩作家如楊沫、浩然等歌之頌之的「社會主義新中國」，竟成為殘蔽奇詭的淵藪，充塞著無數肢體或心神變異的靈魂。這一片視景當然可視為作家對現實社會的反映，然而由文學史的角度來看，我們則更可發現作家們在美學觀念傳承、意識型態轉換等關目上，都有引人深思之處，不宜以「文學反映人生」等陳腔濫調輕輕帶過。
>
> （同前引，頁二〇九～二一〇）

王德威這段話主要拈出「美學觀念傳承」和「意識型態」的轉換，來指涉年輕一輩作家如蘇童、余華、韓少功以及莫言等作品之所以「作怪」的原因。怪誕的美學觀念是對獨白時期「高大全」這一公式化小說人物模式的顛覆和摧毀，推陳出新可以變成一種意識型態的障眼法，亦即以文字和形式的變化，重新肯定某一種現實的永久合法性。莫言所建構的高密東北鄉因此虛實難辨，他筆下的怪誕之鄉層出不窮的穢人穢語和似真似幻，匪夷所思的情節情境，比諸大陸四十年來的「怪」現狀，只怕一點也不誇張，因此以「怪誕寫實」或「魔幻寫實」來論述莫言的小說，在這個意義上可謂恰如其分。以怪誕或魔幻來比附現實，誠如王德威所說的，把「正常化」的怪誕現象，重新再表露出來是當代作家的雙重任務，既要使讀者疏離現實，也要使讀者逼近現實；既探討個

人政治意識，也要追溯這潛意識如何被政教機器刻意曝光、利用及群體規範化（一九九三，頁二〇六～頁二〇七）。因此，我們亦可套用王德威對余華的評論：「如果有人說余華的虛構世界太荒涼殘酷，那麼比起天安門的血腥、文化大革命的浩劫，他所寫的眞不過是些紙上黑色幽默吧」（同前引，頁二〇七）。莫言的小說世界無論是「怪誕」或「魔幻」，比起眞實世界的恐怖可怪，他所寫的只不過是亂世中的寓言罷了。

　　莫言編撰的亂世寓言所依循的是巴赫汀所提出的美學原則，即「軀體的物質性原則」和「軀體的低下部位」。這兩條美學原則是由性愛、死亡、排泄等描寫所構成的、與肉體相關的事件。其次是笑話，公眾廣場的俗語和不入流的話語，此爲巴赫汀所強調的嘉年華會特質——即低下階層用這些言談來顛覆崇高的各種話語。這些來自民間的活潑話語，迥異於史詩式的典雅／高尚語言，即是巴赫汀所謂的「怪誕」美學。莫言在〈紅蝗〉裡有一段「不入流」的宣言可以作爲他和巴赫汀「怪誕」美學的對話：

　　　總有一天，我要編導一部眞正的戲劇，在這部劇裡，夢幻
　　　與現實、科學與童話、愛情與賣淫、高貴與卑賤、美女與
　　　大便、過去與現在、金獎牌與避孕套……互相摻和、緊密
　　　團結、環環相連、構成一個完整的世界。

　　（一九九三 f，頁一三一）

在這裡，莫言的語言極盡誇張之能事，他刻意追求狂放與怪誕的效果，頗有顛倒傳統審美觀的用意。美醜本是相對而生，莫言似乎企圖混淆美醜／好壞的界限，模糊過去與現在的時間觀念，把低下和崇高，肉體和精神拉到同一高／矮度的平等線上，重建一「莫言式」的、令人咋舌的美學觀；這種文體不但挑戰讀者的閱讀勇氣，也爲新時期文學史記上輝煌的一筆。對「醜」和「惡」

的嗜好並非莫言的專利，十九世紀的法國詩人波特來爾(Charles Baudelaire，一八二一～一八六七）早已開風氣之先。他的《惡之華》（*Les fleurs du mal*），便是專以挑戰「美」為書寫的使命，他的藝術之花是栽種在醜惡和病態的土壤上的。

在〈白狗鞦韆架〉中，瞎了單眼的暖和啞巴的結合，結果生下的三個孩子卻全是啞巴，這些在王德威筆下所謂的「畸人」，在大陸原是地位極高的工農兵階層，在〈白〉裡的這對夫妻在凋蔽的農村裡卻成了極其卑下困苦的求生者。暖欲生產「能說話」的孩子這要求，王德威以為是對優生幻想的嘲諷，既包含個人逾越道德束縛的偷情欲望，也遙指政治、社會中瀰漫的機會主義（一九八九，頁一九三）。〈白〉文以敘述者的知識分子身分返鄉這一模式，基本上是源於魯迅的「返鄉」小說，但是魯迅「救救孩子」高蹈姿態似的吶喊被「落實」到暖苟且求歡的低鄙要求時，莫言其實諧擬了魯迅所塑造的這一文學傳統模式，其用意是以農民對肉體的直接要求，揶揄困窘知識份子的「述寫」情結，以低鄙的、嘉年華似的狂想，挑釁知識分子的高蹈姿態❸。

莫言對於農民的批判和反諷似乎不遺餘力，在〈爆炸〉裡身為知識分子的返鄉者，同樣面對落後的農村和愚昧的農民。由於農民是自己的親人——太太，父親，母親——無形中所增加的壓抑／壓力也就更大。〈爆炸〉這充滿火藥味的題目其實是對正文的反諷兼戲擬。爆炸本應是一次轟轟烈烈的物質性化學反應，但是被挪用為形容一個巴掌，而且莫言以二百多字、誇張的語言來敘述這一過程，因此〈爆炸〉一文亦可看成是一次對原意的誤喻（catachresis）：爆炸並沒有真實地壯烈地發生，它同時被卑賤化和抽象化成為一個巴掌。這是對中共優生學的嘲諷，更直指中國人無後為大的封建觀念，而且此「後」必須是男性，這樣一來

敘述者的女兒便不具有「傳宗接代」的功用。此外，這一巴掌又是打在中共的一胎化政策上。無後為大的「傳統」和一胎化政策相衝突之下所產生的爆炸，化成敘述不過二百餘字，而敘述者面對的壓抑／壓力必須再加上親人的「畸人」相：在饑餓線上掙扎的小腳母親卑屈的形象，粗俗的妻子和畏瑣的父親迫切想完成傳宗接代的渴望。他們令他特別想逃離農村。這一群在凋蔽農村求生的卑下農民群眾，是莫言對中共以工農兵為上的反諷，他們的「畸人」形象也暗藏作者對政策的批判。

〈白狗鞦韆架〉和〈爆炸〉的背景同樣是農村，二者的主角都是農民，他們的形象或殘缺或愚昧，這表示作者在演繹一苟活殘喘的農民圖解，有意反寫中共過去四十年來把農民崇高化的做法。〈斷手〉(一九八六)裡的蘇社成了「瘸爪子」的原因不明，據說他並未真正上戰場，只是因用手榴彈炸核桃而意外把手炸掉的。蘇社以一隻斷手作幌子吃遍了全村，這個幌子終於被真正打過仗失去了一條腿的賣櫻桃老人拆穿。另一個「瘸爪子」留嫂的殘而不廢正好是蘇社又殘又廢的「他者」。留嫂獨力撫養女兒，她強悍的生命力雖令蘇社無地自容，卻也讓他的個體的自主意識覺醒。由此可見，莫言書寫眾生的殘缺並不停留在生理層面，其用意是由身體的殘缺導出心理的殘缺和性格的扭曲。

在《紅高粱家族》裡，莫言的「怪誕」美學觀尤其有十分多樣的呈現。張小虹在〈「紅高粱」中的女人與性〉談到《紅高粱》以民俗文化的活力與笑創造了原始的民俗文化空間，以一群醜怪粗大的蠻荒化外之民，展現原始自然活力與性慾本能，並歸納其特色為「粗，怪，野，鬧」（一九八九，頁一二一～一二二）。張小虹所列舉的四個特色雖是針對張藝謀的電影文本，亦可挪用於莫言的小說文本。《紅高粱家族》最受爭議的，當是羅漢大爺被剝

皮的細節描寫：

> 父親看到孫五的刀子在（羅漢）大爺的耳朵上像木頭一樣
> 鋸著。羅漢大爺狂呼不止，一股焦黃的尿水從兩股間一竄
> 一竄地呲出來。……孫五把羅漢大爺那隻肥碩的耳朵放在
> 瓷盤裡。孫五又割掉羅漢大爺另一隻耳朵放進瓷盤。父親
> 看到那兩隻耳朵在瓷盤裡活潑地跳動，打擊得瓷盤叮咚叮
> 咚響。（一九八九 c，頁四四）
>
> 孫五操著刀，從羅漢大爺頭頂上外翻著的傷口剝起，一刀
> 一刀細索索發響。他剝得非常仔細。羅漢大爺的頭皮褪下。
> 露出了青紫的眼珠。露出了一梭梭的肉……羅漢大爺臉皮
> 被剝掉後，不成形的嘴裡還嗚嗚嚕嚕地響著，一串串鮮紅
> 的小血從他的醬色的頭皮上往下流。孫五已經不像人，他
> 的刀法是那麼精細，把一張皮剝得完整無缺。大爺被剝成
> 一個肉核後，肚子裡的腸子蠢蠢欲動，一群群蔥綠的蒼蠅
> 漫天飛舞。（頁四六）

這段血淋淋的敘述曾經引來不少非議[4]；但是這血腥的場面是蠻荒世界的原始，它的野性一如無際的紅高粱，那肆無忌憚的粗暴和性、繁殖、排泄都是一種粗糙的生命本能，它顛覆了傳統崇高優美的美學原則。《紅高粱家族》裡的生命形態和語言都是粗俗而野性的，來自民間千姿百態的鮮活話語和高雅細緻的官方語言相頡頏，它屬於邊緣地帶的美學，有梅尼普諷刺「陋巷自然主義」的狂歡化色彩。高密東北鄉的高粱酒之所以能夠變成「香氣馥郁、飲後有蜜一樣的甘飴回味、醉後不傷大腦細胞的高粱酒」（一九八九 c，頁一○五），是因為余占鰲酒醉裝瘋往酒裡撒了一泡尿。這樣一來，尿液成了高級酒的必要添加劑，使得普通的高粱酒變成高級香醇的高粱酒。敘述者煞有其事地認為這是有科學根據的，

並且興緻勃勃的越過第一人稱的敘述者身分，以全知的敘述口吻講述了如何釀製這個「絕對機密」。這個鬧劇的喜劇成分來自於它的荒誕，實際上，它以即興說書的虛構同時娛樂／愚弄了讀者。

　　鬧劇之二是曹夢九縣長審單家父子被殺一案。莫言在處理這個情節的時候，是以中國俠義小說的敘述模式，把曹夢九的傳奇寫成類似《七俠五義》、《小五義》等的縣官辦案的樣本。曹夢九本身的個性亦正亦邪，敘述者從他的怪癖和怪行判定這是一個「相當複雜的人物，很難用『好』、『壞』等字眼來評論」（頁一三八）。曹的怪行怪癖計有：好以鞋底充刑具，故人以「曹二鞋底」稱之；視土匪、鴉片、賭博為大敵，聲稱治亂必先清匪、禁賭、禁毒；軼聞極多，行為荒誕，眾多的邪門歪道流傳於高密人口之中。曹夢九趕集的時候恰遇一爭奪雞隻的糾紛，他以雞胃裡的食渣判定雞隻誰屬，輕易了斷一件糾紛。他對善良忠厚的鄉下女子鞠躬致敬，賴雞的刁民則當眾以鞋底打臉打屁股，以為其欺負良家婦女不知「廉恥」的懲罰；至於作偽證的則令其舔刁民塗上蜂蜜的臀，以為其拍馬屁之罰。這是一齣由行為怪誕的主角導演的惹笑鬧劇，它顛倒了清官判案的「正經」和「嚴肅」，判案的地點是在熱鬧的市集而非公堂，因而就有了與市井小民同樂的嘉年華喧鬧氣氛。莫言對鬧劇的敘述並不就此打住，還鉅細靡遺的記下舔臀的過程，作為審單家父子被殺的前奏。這個前奏似乎暗示待審的案子也即將以鬧劇收場。莊長五猴子本是為單家父子申冤，反而被掌鞋底，戴鳳蓮以假亂真，演出重認父親的鬧劇，曹夢九最終擺脫了親爹的牽扯，卻莫名其妙無可奈何俯首認戴鳳蓮為乾女兒。曹夢九這時由威武的「曹青天」降級成求繞的小角色，打破了官上民下的階級限制。鬧劇的結束則是讓曹夢九一聽到槍響有人喊「花脖子」、「鳳凰三點頭」來，就窩囊的鑽到桌

子底下躲藏。把處在高位（者）降級，這正是狂歡節最主要的一個特色，但是也由此可以看出莫言對俠義小說的戲擬。他改寫了清官無畏無懼的英雄典型以及一以貫之的個性，而賦與其滑稽怕死（聽到槍聲先躲起來），對女色同樣迷戀的小人物小角色的平民化個性。

　　莫言的怪誕到後來似乎有愈演愈烈之勢。在《十三步》裡，他甚而拆除了人與獸的藩籬，連敘述者也是一個被關在籠子裡靠吃粉筆灰過活的怪物。敘述者所講的故事主角也都是帶獸性的恐怖分子。莫言在這部小說裡以人獸不分來隱喻政治生態。我們無法確定敘述者是人是獸，為何敘述者要藉不斷吞噬不斷講述故事，而籠子外面聽故事的人為何要不斷以粉筆餵食，好讓那荒誕透頂的故事不斷延續？小說一開始這兩個問題就是無法解答的疑惑。敘述者本身是一個語無倫次、價值觀不斷變更的人／獸，所以張寧以「文學語言的顛覆與價值語言的紊亂」來形容這篇讓人無法捉摸的長篇小說（一九九〇b，頁三）。但是，正如巴赫汀所認定的那樣：「長篇小說必須代表了來自它那個時代所有的社會和意識型態的聲音，那就是該時代所有重要的語言，長篇小說必然是眾聲喧嘩的縮影」（*DI*，頁四一一）。長篇小說容許多種社會語言的交響共鳴，語言裡凸顯衝突的社會價值，正是主流文化所壓抑的觀點。

　　《十三步》的混亂語言和敘述所要傳達的訊息，是文化價值秩序及美感經驗系統的被顛覆狀態，這個狀態所指涉的是紊亂的社會處境和價值判斷。敘述者被困在牢籠裡，然而他並沒有喪失自由，他在利用他的想像力來編故事，聽者也身不由己的聽故事。陳清僑認為《十三步》為我們說夢，夢裡就有黃金，說運程，命從天降。在到達第十三步那個樂極生悲的階段以前，我們要去享

盡生命的樂事，讓生命那沉重的步伐，讓歷史的事、男女的事在叫人迷亂的美麗傳說裡，在醉人靈肉的愛情音樂裡，盡顯風流，直到每一個人都失去了指揮運動和言語的能力（一九九四，頁三）。這是語言邏輯失去作用的時代，只有麻雀單腳跳的十三步的數碼秩序存在，其他的無論是倫理、生活、人獸或生死之分都是混亂的。就像方富貴在往黃泉路上半途又折回，他想復活卻被校長按著眼睛命令他閉眼，直到被送進冷凍庫，仍然在生死之間徘徊。他不能復活是因為他的死可以帶給很多人好處。整容師李玉嬋把他變成張紅球之後，他連自己的原來身分都失去了，必須過著張紅球的生活，整容師就變成了他的太太，形成荒誕中的荒誕。

李玉嬋專門替死人整容，這分工作培養了她獸性和人性的混合個性，所以她常常用暴力去對待丈夫張紅球（譬如動不動就撕他的耳朵、擰他的鼻子）。由於長期與死人為伍，她身上總有一股屍臭味，這股味道令她丈夫性無能。《十三步》裡所有的人、事和物都是一種令人不快的反美感存在。莫言似乎在推翻現實生活中所有正常的一切，以「反常」來推演人際關係和建構／摧毀美學原則。同時，小說一再插入《毛語錄》，如「大海航行靠舵手」「東方紅」等毛式語言。這種泛濫的毛語言已經失去其原意，而是作為一種圖性引語的戲擬和嘲諷。作為一種圖性引語，我們也可發現，這些早已失去生命力的符碼，其實負載了對政治意識型態的批判，以及對過去四十年來文學獨白時代話語壟斷的反諷。

如果說莫言在《十三步》以荒誕來代替話語、倫理、規範的邏輯，以此指涉當代走出政治和文學的獨白時期的無秩／多元狀態，並試圖從一切價值觀都崩離的廢墟中摸索自己的路，那麼，《食草家族》和《酒國》的怪誕則是從抽象的邏輯思考落實／墮落到「肉體的物質性」來處理。《食草家族》共有六夢，在其第

一夢的〈紅蝗〉裡，莫言宣稱要把「夢幻與現實、科學與童話、愛情與賣淫、美女與大便、過去與現在、金牌獎與避孕套」（一九九三ｆ，頁一三一）互相摻和來構成一個完整的世界，可以和下面這段序相互參照：

> 書中表達了我渴望通過吃草淨化靈魂的強烈願望，表達了我對大自然的敬畏與膜拜，表達了我對蹼膜的恐懼，表達了我對性愛與暴力的看法，表達了我對傳說與神話的理解，當然也表達了我的愛與恨，當然也袒露了我的靈魂，醜的和美的，光明的和陰晦的，浮在水面的冰和潛在水下的冰，夢境與現實。（一九九三ｆ，頁五）

這段作者自道和上引的宣言傳達了以下的訊息：㈠對「種的退化」之恐懼，對原始生命力之嚮往；㈡對美醜、好壞、善惡的同在之合理性表白；㈢夢境（假／虛）與現實（真／實）的混血是創作的動力／摧毀力。在《食草家族》書後題為「圓夢」的跋裡，莫言表明這是「痴人說夢」之作，是六個夢境所組成的瘋狂與理智掙扎的記錄。瘋狂與理智掙扎的痕跡，其實是怪誕現實主義和梅尼普諷刺的雙重奏。作者在這部小說中融大便、蛆蟲、屍體、月經和臭氣為一爐，以粗俗與卑污的肉體物質性挑戰高雅的閱讀品味，其荒誕又不同於王朔的「一點正經也沒有」的痞子美學原則。

　　《食草家族》最引人爭議之處，是在它對不雅不潔之物一本正經的書寫。莫言對審美觀的有意褻瀆卻並非始作俑者，波特來爾的〈獸屍〉（*Une charogne*）之「寫醜」，恰可為莫言助陣。波特來爾在詩中描寫了一頭潰爛生蛆的死牲口，蒼蠅成群圍繞，他卻以「這屍體異常美妙／恰似一朵鮮花開放」歌頌之。莫言在〈紅蝗〉裡把談戀愛等同於大便，把大便升華成一種宗教儀式來歌頌，是把崇高的精神交流降級到卑下的物質描寫。巴赫汀的怪

誕現實主義強調排泄系統和世界交流的關係，人的排泄是回歸大地、肥沃大地、被世界所吞食，就像人從大地取得食物一樣，人和自然的關係是相互交流而不是隔離的。

　　莫言自稱自己寫的小說是「地瓜小說」（一九九四ｃ，頁一〇四），也可見得他對高密東北鄉的深厚感情。對於「那塊生你養你，埋葬著你祖先靈骨的那塊土地，你可以愛它，也可以恨它，但你無法擺脫它」(同前引)，莫言對土地的強烈愛恨表現在《食草家族・紅蝗》裡面：

> 紅色的淤泥裡埋藏著高密東北鄉龐大凌亂、大便無臭美麗家族的過去、現在和未來，它是一種獨特文化的積澱，是紅色蝗蟲、網絡大便、動物屍體和人類分泌液的混合物。
>
> （一九九三ｃ，頁三一）

土地是一種獨特文化的積澱，正如巴赫汀所說的，人以排泄和世界交流，因而莫言寫污穢之物，並非故作駭世之舉，而是把排泄視爲一種神聖的宗教儀式，是人和大自然（土地，動物屍體，蝗蟲）的交流過程，他在〈我的故鄉和童年〉裡有這麼一段話：

> 一九五六年春天，我出生在高密東北鄉一個偏僻落後的小村裡。我出生的房子又矮又破，四處漏風，上面漏雨，墙壁和房笆被多年的炊煙薰得漆黑。根據村裡古老的習俗，新生兒一出母腹，就落在這土上，沒人對我解釋過這習俗的意義，但我猜想到這是「萬物土中生」這一古老信念的具體實踐，我當然也是首先落在了那堆由父親從大街上掃來的被千人萬人踩踐過，混雜著牛羊糞便和野草種籽的浮土上。（一九九四ｃ，頁一〇五）

莫言是在混雜著動物的排泄和植物種籽的「土」上出生的，在這混合了死亡和蘊藏著新生的土地上，污穢之物蘊藏新生的契機，

所以在《食草家族》的序裡，莫言以兩極的對比表達對土地和自然的強烈情緒／情感，在大自然裡沒有絕對的美醜和兩極的對立，所有的存在都是以對話的形式出現。軀體本身就是一個開放的宇宙，因而與身體相關的一切排泄、消化代謝都不應該成為禁忌。就如巴赫汀所認為的那樣，軀體和土地、水、火、空氣一樣具有創造和開放的普遍性意義；它並非正統文化中的糟粕，反而蘊含積極向上，富有生機的意義。由此而導向的話語形象是說笑藝術和俗語和不入流的粗鄙語言。從這個角度來看，莫言被批評的「粗俗」，其實正是眾聲喧嘩的語言雜糅而多元。在《食草家族》裡面，莫言的許多話語總是雙重性的，讚美和詛咒，褒與貶相互依偎：

> 站在家鄉的荒地上，我感到像睡在母親的子宮裡一樣安全，我們的家庭有表達感情的獨特方式，我們美麗的語言被人罵成：粗俗、污穢、不堪入目、不堪入耳，我們很委屈。我們歌頌大便、歌頌大便時幸福時，肛門裡積滿銹垢的人罵我們骯髒、下流、我們更委屈。我們的大便像貼著商標的香蕉一樣美麗為甚麼不能歌頌，我們大便時往往聯想到愛情的最高形式、甚至升華成一種宗教儀式為甚麼不能歌頌？（一九九三 f，頁三十）

這裡審美邏輯被顛倒了，歌頌污穢之物才是崇高的，粗俗污穢的語言才是美麗的語言。莫言唯恐無法說服讀者，還以「我們的家庭有表達感情的特別方式」來作辯護，對於食草家族的成員而言，草和土地的密切關係使他們的個性更具草根性，不入流的粗俗語言才是他們的生活語言。粗俗意味著生命的不斷沿革，話語的不斷新生，而這些粗俗的話語的背後透露了意識型態的轉變——對毛式語言❺的背叛。

　　莫言之所以把粗俗醜陋寫得如此淋漓盡致，自有其文學思考的政治反省。他自稱寫醜是對文革的批判，對造神(毛澤東)運動的反省，是對所有道德標準的重新評估。他意識到文化大革命的各種各樣的運動，是對思想的束縛；但是隨著文化大革命的結束而來的思想解放並不意味著自由。太多的神靈崇拜和約定成俗、被社會所公認的價值標準綑綁著文學，作家揹負了太多的包袱，因此要創造出有個性的作品，形成個人的風格，就必須「褻瀆所有的神靈」，包括「被造」出來的「神靈」毛澤東和馬克思，就像在《十三步》開頭所說的：「當然啦，馬克思也不是上帝！……馬克思使我們吃了不少苦。不批判馬克思我們都要餓死！不批判馬克思我們就不是馬克思主義者！」（一九九〇，頁一）。《十三步》是一部人獸不分、人性和獸性相混合的小說，企圖以此打破了人類進化的歷史觀（人性退化到原始獸性的時代）。這是莫言對馬克思進化歷史觀的批駁，也是對作家主體性和文學主體性的反省。

　　對於一個帶有狂氣的作家而言，馬克思和毛澤東的陰影是令人窒息的監獄。莫言曾如此宣稱：

> 要想搞創新，就要敢於褻瀆神靈，褻瀆神靈最好的辦法就是佛頭著糞。大佛不是金光反照嗎，就給它頭上撒上一泡尿，事實證明也沒怎麼著嘛，還所的人的本來面目，沒有神靈，也沒有上帝，上帝就是我們自己。
>
> （一九八九，頁一四七～一四九）

這段「粗俗」大膽的言論，可以作爲莫言「爲民(作家)請命（個體自主的命運）」的宣言。他自認爲這是高級牢騷（同前引，頁一四九）。在衆聲寂滅、毛語言獨霸的年代裡，這是一聲破空的異質性高音。所謂在大佛金光反照的頭上撒一泡尿，是對神權／霸

權的明文挑戰，也可引申爲對毛澤東這尊紅光四射的「神」的褻
瀆。「上帝就是我們自己」，是對主體獨立的肯定，同時也是對
文革四十年一元意識鉗制的明諷暗刺，化爲小說話語，則是以狂
歡節式的廣場卑賤化語言，戲擬最高領導的「頌」式僵化雅言。
這些僵化的樣板文學主要以獨白時期文學爲大宗，正如莫言在
《十三步》所譴責的：出現在本書中的人物都對氣味有著特別的
感受力，但對語言的邏輯麻木不仁。敘述者所指涉的是人類對裏
腹之物充滿敏銳的感受，卻對屬於文化層次的語言無動於衷。意
識型態寄生的話語充滿權力，被權力掌控的作家／說話者卻在長
期的肉體(饑餓)煎熬下，失去了反省反抗的能力。被眷養／壓制
的馴化思想只能發出和官方統一的聲音，自主的聲音或湮滅或妥
協。莫言的反叛呼聲，針對的是這些「拯救人類意識」（同前引，
頁一四九）的問題。在《食草家族》裡，所有的怪誕和顚倒是非，
都是莫言對「語言的邏輯麻木不仁」所下的猛藥。不過，他對食
草家族歷史的敘述也只是作者自己的敘述，就如同敘述者所說的
「每個家族成員都有自己的一套敘述方式，四老爺有四老爺的敘
述方式，九老爺有九老爺的敘述方式」（一九九三ｆ，頁四一）。
這裡顯示出眞實與虛構的複雜關係，它們不可截然劃分，但是卻
顯示了背後的敘述者／作者個體的差異，進而導致文本的差異。
　　《食草家族》把許多荒謬的事情一本正經地寫進歷史。敘述
者自稱對五十年前的事情比當時親身與蝗蟲搏鬥的人還要清楚，
是因爲「我既相信科學，又迷信鬼神，既相信史誌，又迷戀傳說」
（同前引，頁一九～二〇），虛實不能截然劃分，是敘述者在敘述
食草家族的歷史時所供奉的眞理。向來是農人大敵的蝗蟲，把高
密東北鄉變成人吃人屍的荒地，敘述者由於在城裡遇見了老鄉，
興起回鄉的意念。但是他的回鄉已不同於魯迅的回鄉故事。魯迅

處理的是知識分子和農民間的鴻溝問題，王德威稱之爲「無言情結」（一九八八，頁二─三），這個情結是知識所造成的距離。但是莫言筆下的知識分子回鄉卻是帶著羞愧的心理──城市是一個令人墮落和退化的地方。退化的痕跡首先表現在敘述者那排又黃又髒的牙齒上；相反的，吃茅草的九老爺八十六歲了卻保有一口雪白的牙齒，不但長高了，也變年輕了。在這本小說裡莫言逆轉了魯迅的回鄉小說模式，知識並不構成距離，反而是物質──茅草，拉開了城鄉的差距。

　　《食草家族》最關心的事情幾乎與身體有關──排泄，飲食和性愛。敘述者慣常談論的事情是「拉屎」。四老爺甚至由此悟出一番修身養性的道理，敘述者認爲「四老爺拉出的是一些高尙的思想」（頁二四）。四老爺做這事的時候講究天時和地利，最好是在乾燥的野地，春風微拂的季節，這時候如同見到我佛，因而這件事的神聖性等同印度的瑜珈功，以及中國高僧們的靜坐參禪。敘述者所持的理由是「甚麼活動都可以超出其外在形式，達到宗教的、哲學的、佛的高度」（頁二四），這種反「怪」爲「正」的敘述，正是對宗教和哲學的褻瀆，亦是怪誕現實主義的精髓──對一切高高在上的施以「去冠」的笑謔。正如巴赫汀所提出的，狂歡節的廣場語言特色是衆聲喧嘩，笑罵總是離不開排泄物，它們既是不潔之物，又是再生的養分，排泄物是大地創造和生長的基礎，生死總是相連繫，宗教哲學和佛竟然與排泄相提並論，也可見得莫言「卑賤化的物質原則」書寫的顚覆特色。

　　〈紅蝗〉中的怪誕並不僅止於此，蝗蟲最終變成了「神蟲」，村人不但修廟祭祀，並且塑造一高一百七十幾公分的蝗蟲之王的神像以供膜拜。敘述者形容大蝗蟲塑像「神彩奪目，四老爺幾乎想跪下去爲這個神蟲領袖磕頭」（頁六四），這個「造神」運動

立刻讓人聯想毛澤東的神化,而莫言以蝗蟲戲擬毛澤東的用意不言自明。小說中對毛式語言的圖性引語可以支持上述的論點:

> 中國人民偉大的領袖和導師毛澤東主席說過:神仙是生活在天上的,如果外星人看地球,地球是天上的一顆星,我們生活在地球上就是生活在天上,既然生活在天上就是神仙,那我們就是神仙。俺老師教育俺要向毛澤東主席學習,不但要學習毛主席的思想,還要學習毛主席的文章。毛主席的文章寫得好,但誰也學不了是不?毛主席老是談天說地,氣魄宏大;毛主席把地球看得像個乒乓球。(頁七六)

這段引文最值得注意之處是全部句子以肯定句寫成,唯獨「毛主席的文章寫得好,但誰也學不了是不?」是帶著疑問的口氣,顯然敘述者對這個觀點持疑,同時也化前面所有的肯定為嘲諷。在第四夢〈復仇記〉裡,莫言寫統治村莊四十年的阮書記,他無惡不作,魚肉鄉里,和無數的女人發生過關係,連給他看病的赤腳醫生也懷了他的孩子。然而一直要行刺他的孿生兄弟和敘述者,卻在對他的憤恨中滲入了矛盾的敬佩之情。這四十年的時間暗示和孿生兄弟的矛盾情結,只怕也是中國大陸許多百姓對毛的情結吧!因此第四夢的戲擬對象不言自明,用莫言在〈紅高粱〉的說法是,這是「最英雄也最王八蛋的人物」。在第一夢結束的時候,已經分不清自己是食草家族歷史的敘述者,或是一個叫「莫言」的人這麼說:

> 親愛的朋友們、仇敵們!經年乾旱之後,往往產生蝗災。蝗災每每伴隨兵亂,兵亂蝗災導致饑饉,饑饉伴隨瘟疫,饑饉和瘟疫使人類殘酷無情,人吃人,人即非人,人非人,社會也就是非人的社會,人吃人,社會也就是吃人的社會。如果大家是清醒的,我們口喝的是葡萄美酒;如果大家是

瘋狂的，杯子裡盛的是甚麼液體？（頁一三二）

如果把毛澤東喻成蝗蟲，再按照上面的邏輯推理，蝗蟲是導致人吃人社會的罪魁，那麼吃人的社會就是毛澤東政權的惡果？魯迅筆下吃人的是傳統的禮教，這個主題在到了莫言，卻直指對人性橫加踐踏的毛政權。誠如引文最後所說的：「如果大家是瘋狂的，杯子裡盛的是甚麼液體？」

瘋狂的社會和吃人的主題在魯迅之後的五十年，又在莫言的筆下復活。尤其是動筆於六四天安門事件數月之後（一九八九年九月）的《酒國》，直指中國政治社會文化腐敗的一面，正如《十三步》的題辭：「放下屠刀成佛後，再操兇器卻成仙」，這個沉痛的提辭所發出的譴責力量，是針對腐朽和墮落這個與人性同存的永恆主題。《酒國》是一則真實得令人恐怖的寓言；既真實而又稱為寓言，意味著這本小說虛實難分的敘述模式背後，指涉一個難以自現實世界抽離的真實。

小說雖名為《酒國》，不過著墨最多、也最令人咋舌之處是「吃」。酒國演繹最多的是證明「中國人是一個懂得吃的民族」：從全驢宴的十二道冷盤示其花樣之多，到眼耳鼻喉腦，以及雌雄生殖器用盡所有能用的材料，都說明中國人「口腔文化」之豐富。那道驢的雌雄生殖器雅稱「龍鳳呈祥」，是道缺德菜，級別不夠者沒有資格吃，換言之，能吃的都是夠「缺德者」。中國人以形補形的美食觀念揭示出中國文化最墮落和無恥的一面，這無恥的一面不但用在動物，對人亦然。女司機五次墮胎都是為男人提供胎盤補品，而「紅燒嬰兒」這道菜是其中所記最「混亂和腐敗」的一事。李一斗的岳母以一套吃人的觀念說服讀者／自己那會笑會放屁的小肉孩不是人，她言之成理的話語掩蓋了罪惡。在莫言不展現給我們一個肯定的、真實的嬰兒的時候，對罪惡的簡單再

現便轉移爲對罪惡的不可再現性的表達，轉移爲對掩蓋罪惡的話語的罪惡性的暗示（楊小濱，一九九四，頁一八四）。

飲食在中國文化裡向來是與社會秩序和道德修養結合的，飲食是禮的一部分，但是飲食既是享樂又是道德的這一傳統，在《酒國》裡卻改寫成飲食是「享樂又是敗德」的，正如李一斗在給莫言的信裡所說的「〈肉孩〉是一篇新時期（文學）的〈狂人日記〉」（頁六五），這意味著莫言繼承了魯迅的感時憂國的批判傳統，也具有新時期文學的「當代性」精神，也即是劉紹銘所說的：「莫言繼承的，還是五四感時憂國的傳統，只是語言、取材、想像、技巧，均與二十年代作家大異其趣」（一九九三·九·二十六，時代文學周刊，第十版與第十五版）。

莫言的怪誕手法在這判定肉孩眞假的節骨眼打住，劉紹銘以爲作者的用心是政治訴求，所以點到爲止，意在言外（同前引）。所謂的政治訴求，莫言在《酒國》的〈酒後絮語〉提到「原想遠避了政治，只寫酒，寫這奇妙的液體與人類生活的關係，寫起來才知曉這是不可能的。當今社會，喝酒已變成鬥爭，酒場也變成了交易場。許多事情決定於觥籌交錯之間時，由酒場深入進去，便可發現這社會的全部奧秘。於是《酒國》便有了一些諷刺意味，批判的小小刺芒也露了出來」（頁四二四）。酒場既是爭鬥場，政治的手段和花招便藉著酒所提供的舞台搬演，也由此帶出了和酒相關的食色。酒食色這三者是中國官場自古以來的主旋律，所以《酒國》除了在酒和食上面著力，也寫了色。周英雄在序中認爲，《酒國》寫性的地方有三處：婚外情（丁鈎兒與女司機），亂倫（李一斗與岳母）與意淫（岳父以酒爲妻，岳母飲「西門慶」解性慾）（一九九二，頁五）。

丁鈎兒本來是被派去調查駭人聽聞的吃嬰事件，奉的是正義

的神聖使命；但是他卻經歷了極度腐敗的過程：中國官場上所有稱得上是放蕩的事情他都做過了。丁鉤兒的歷程戲擬《西遊記》的取經經過；但是《西遊記》中的災難最終引向了凱旋的、或至少是喜劇的尾聲，丁鉤兒的放浪尋歡卻是他正義使命慘敗的前奏。在充滿誘惑的旅程中，丁鉤兒喪失了揭示罪惡的能力，發生的一系列事情使他的調查十分具反諷性。當他和女司機的奸情被她的丈夫逮住，偵察員和罪犯的角色恰好對換；當他出於妒忌，殺死女司機和余一尺逃跑後，他徹底的從緝捕要犯變成了通緝犯；最後，當他幾乎要抓住吃人的罪犯時，他不合時宜地掉入了茅坑（楊小濱，一九九四，頁一七六～一七七）。對於這些「混亂和腐朽」的事／歷史，莫言所抱持的態度是無可奈何的寬容，他在書前的丁鉤兒墓誌銘說：「在混亂和腐敗的年代裡，弟兄們，不要審判自己的親兄弟」，因為在混亂和腐敗的年代，所有的正義、理想、尊嚴、榮譽、愛情、這些神聖的東西，最終將和丁鉤兒一樣一起沉入令人作嘔的茅坑，墮入血腥和惡臭的黑暗中。莫言似乎在暗示，推動歷史的，正是這股墮落的力量。這又是對馬克思主義進化歷史觀的質疑。

《酒國》的荒唐是對中國文化中無恥和墮落的戲擬和反諷。美食文化變成了「吃人文化」，再假借「食色性也」至聖先師所說的話鋪展開和「吃人文化」息息相關、由色所構成的「頹廢文化」的罪惡深淵。《酒國》的戲擬除了表現在內容上，在形式上則不斷嵌入作者莫言和文學青年李一斗的通信，以及由李一斗所寫的九篇短篇小說，這九篇短篇小說又具有內在的關聯性，因此便具備長篇的架構。

小說講了九個故事，莫言和李一斗的通信則講關於這些故事的看法。李一斗不斷把故事帶給莫言，莫言的敘述因此是混合了

自己的想像和李一斗的故事。不過這是作為作者的莫言其自我意識在小說裡的戲擬，誠如楊小濱所說的，莫言這個名字的功能在文本內和文本外是不同的（頁一七五）。從文本內的角度來看，莫言和李一斗是平等的主體，李一斗是主角的他者，他提供的故事給莫言帶來了靈感，莫言也藉此機會為自己最受爭議的兩篇小說〈紅蝗〉和〈歡樂〉辯護。李一斗也因為和莫言的書信往返而創作源源不絕，他們是互為主體的關係。從文本外的角度來看，李一斗不過是莫言筆下的主角，是作者莫言賦與李一斗和敘述者莫言同樣有獨立的敘述能力的。《酒國》因此是由兩種對話聲音和語言的歧異聲音（hetero-voiced）所製造的文本，同時它雜糅的文體（書信，短篇小說組成的長篇小說）也賦與它多重風格（multi-styled）的梅尼普諷刺特色。

　　如果《酒國》的怪誕是個體和集體腐敗的寓言，那麼，莫言在〈懷抱鮮花的女人〉則講述一個美色和死亡劃上等號的寓言。對於那位帶一條狗、懷抱鮮花、對上尉窮追不捨的女人，敘述者始終沒有解釋她的荒誕性。她似乎是一個從不開口的幽靈，上尉至死也沒有弄清楚她是人是鬼，以及她如影相隨的原因。她似乎擁有迷人的蠱惑力，這股力量化為一種無所不在的草料氣味一直包圍著上尉。這種美麗的氣味是一種死亡的氣息，它在上尉起邪念的時候就陰魂不散，其目的是死亡。死亡／女人以各種各樣的神情求得上尉的妥協，它觸動了人性中的弱點，與其說上尉是受誘惑而死，不如說上尉無法抵擋死亡的美麗誘惑。

　　上尉對女人毫無興趣，因而上尉的死因是無法抵擋美的強大摧毀力，女人僅是一個美麗的地獄殺手。莫言在這裡戲擬了美的愉悅，而賦與其「邪惡」的力量和「死亡」的殺傷力。莫言自謂這是一篇「浪漫得死去活來的故事」，是一個寓言。既是一個浪

漫的寓言，則其背後必有警示——莫言自己在序文裡表示：「在當今之世，每個人都像被狗追趕著的兔子，無論你如何奔跑，也難擺脫身後追趕著的兇獸」（一九九三ｃ，序頁二）。美女在這裡等同於兇獸，也可見得莫言對美的逆轉。

本節從美學觀念傳承和意識型態的角度論述莫言筆下的「怪誕」眾生，指出這一美學觀念顛覆／摧毀了獨白時期的「高大全」美學原則。怪誕的眾聲喧嘩再現了複調時期話語雜多的現象，同時也具有「當代性」的鮮明色彩。眾聲喧嘩的話語再現了莫言筆下民間／民俗文化空間東北高密鄉的「畸人」的原始生命，並藉怪誕的形象反諷當代社會的怪誕現象，同時也批判了中國文化中病態的一面。

第三節　價值體系的衝擊與對話

本章第一節論述莫言小說對肉體和慾望形象的描寫是寓言性的，這兩者在莫言的小說裡是一種借喻，不再用作昇華革命的話語形式，或是在傳統文學裡作為罪惡的淵藪和禁忌來處理，而是讓它們回到美的本源。第二節則探討其怪誕眾生的美學原則顛覆了毛文體／獨白時期的高大全的美學原則，再現話語雜多的眾聲喧嘩的嘉年華生命形態。眾聲喧嘩的話語再現了複調時期社會價值體系的衝擊與對話。巴赫汀認為語言是意識型態的載體，語言的物質現實性和社會屬性的背後，是各種意識型態不同立場的互相質詢和衝撞，莫言文字的狂歡化特徵便是充滿傳統與現代、雅與俗、善與惡、美與醜、好與壞、真與假等等不同的價值體系的對話；但是中心話語並沒有遁隱或消散，它也同時進入了眾聲喧嘩的世界，與非權威話語較量或爭奪，它們相互滲透互相融合，

產生了交流與對話。

　　《酒國》怪誕的狂歡化風格背後，就是各種價值觀的對話和激辯。以丁鈎兒為例，他是正義和邪惡的共同體，集偵察員和罪犯、通奸者和戴綠帽者的角色於一身，他原本該是世俗的救星，卻自己墮入罪惡之中。丁鈎兒的思路，就像劉紹銘所說的，一如金庸小說的武林高手，邪邪正正，正正邪邪，而這正也是莫言小說對良心與道德層次的詮釋（一九九三·九·二十六，時代文學周刊，第十版與第十五版）。《酒國》的敘述者莫言也有這麼一番可以作為不同價值觀對話的注解：

> 　我認為，狂妄與謙卑，是相互矛盾又相互依存的兩種人生態度，很難說哪種好哪種不好。事實上，看似狂妄的人實際很謙卑；看似謙卑的人骨子裡很狂妄。有的人在某些方面、某些時刻極狂妄，而在某些方面、某些時刻又極謙卑。
> 　絕對的狂妄和永遠的謙卑大概是沒有的。（頁六八）

所謂的絕對狂妄和永遠的謙卑大概是沒有的，即是對一元價值觀標準的改寫，這兩種人生態度也沒有好與壞之分，它們甚至是不可分割的共同體寄生在話語的場域，互相牽制和補充，而不是兩軍對壘、涇渭分明的關係。巴赫汀指出，複調時期的語言不是意義和真理的唯一化身，它是提供價值體系角逐的場域。就像名為「龍鳳呈祥」的缺德菜，在李一斗的哲學裡是不髒不醜的，這道菜具有「真正的美是化醜為美」的美學原則的典範。化醜為美有兩層意思，一是形象的改造：高級廚師把驢的雌雄生殖器以作料和精細刀工加工之後變成賞心悅目、香氣撲鼻的龍鳳造形；二是名字上化俗為雅，龍鳳是中華民族的圖騰，是至高至聖至美的象徵。李一斗這套混淆崇高與低俗的對話邏輯，是借了毛文體的「高大全」美學的幌子，來包裝文化中最卑下污穢的一面。

　　仔細分析《酒國》的話語，有許多是在批判和挖苦毛澤東對文學所做的諸多限制與規定。在李一斗的短篇小說裡，「革命現實主義」被「妖精現實主義」偷龍轉鳳，李一斗卻自稱自己的小說是「絕對的高爾基和魯迅式的嚴肅文學，嚴格恪守著『革命現實主義和革命浪漫主義相結合』」（頁一九二），他同時自稱武俠小說一部也沒有看過。這無疑是對毛澤東〈在延安文藝座談會上的講話〉所提出的「文藝必須從屬於政治」、「生活是文學藝術的泉源」等規則的反諷，同時也是對獨白時期文學的戲擬。他得知像莫言這樣的「嚴肅作家」竟然對武俠小說十分推崇，也準備跟進，這又是《酒國》模糊雅俗文學之分，兼反諷毛文體的一例。《酒國》藉李一斗和莫言的信件往返討論／反諷當代文壇的怪現象，敘述者莫言提出「發表水平」的兩個標準：政治標準和藝術標準。這兩個標準是毛澤東〈在延安文藝座談會上的講話〉對文藝／文學所下的緊箍，莫言對武俠小說的推崇無疑是對革命現實主義文學的戲擬和反諷。

　　《酒國》的強烈戲擬性除了表現在話語之外，在文體上則嵌入〈酒國奇事錄〉這以文言文寫成的千字短文。文章說的是一人名為孫翁者，意外闖入一產猿酒的秘地，他攜回可益氣養顏的猿酒，後來被官員得知，派人往尋而不果的故事。這是白話文對文言文的文類戲擬。這則文字混合了各種體裁和風格，既有文言筆記小說的「村野稗史」成分，又有唐傳奇的特色，其中現代人對好酒者的用語「酒鬼」，以及白話文的習慣用語「尋找」，又暴露文本的虛構性，而結尾處是戲擬〈桃花源記〉太守派人往尋桃花源不果的手法：

　　　　員外見聞，大異，詢來處，公即以婿言相告。員外迷報撫
　　　　臺，撫臺遣數人入山尋找。數月，惟見山林莽莽，荊榛遍

地，無獲而歸。（頁三三五）

這一篇的敘述手法是對陶淵明〈桃花源記〉的戲擬，借用〈桃〉文中漁夫因不期而遇反而得入桃林，太守刻意去尋反而不果的敘事結構。不過，正如莫言在《酒國》的〈酒後絮言〉所說的，《酒國》有其政治訴求。孫翁告訴其岳父是基於孝道，但是他的岳父轉告員外，員外再上告撫臺，小官吏的嘴臉和用心可知。撫臺竟然遣了數十人到山林裡去找了數月，浪費公帑人力又不在話下。莫言以古諷今的話語自有其「當代性」的意義，正如〈酒後絮言〉所說的，在現實生活中，他所認識的小官吏們因用公費吃喝被百姓詛咒，如果中國能夠杜絕公費吃喝那怕三年，省下的錢只怕能造一條萬里長城。

莫言小說的戲擬性還表現在對鄉野的傳說上。「球狀閃電」在高密東北鄉的傳說中，天神以之懲罰傷天害理的人(一九九四 b，序頁二)。〈球狀閃電〉裡的蝲蝲之所以遭天譴的背後，卻潛藏社會和傳統的意識型態的積累。蝲蝲遭電擊，按照傳統／傳說，是因為做了傷天害理的事。所謂的傷天害理的事，充其量不過是他和毛艷因合資養奶牛而常往來，並沒有越軌之舉，更未如蝲蝲的母親和妻子繭兒所說的，是毛艷那個「狐狸精」勾引他。

蝲蝲本來帶著家庭和社會的希望，被視為「尖子中的尖子」，一定能夠擠上大學的窄門，但是一個戲劇性的鬧劇改變了他的命運。毛艷惡作劇的土坷垃擊中了正在撒尿的蝲蝲，蝲蝲認為「可能是被毛艷這一坷垃把我體內的調節器開關給震壞了」（同前引，頁一三七）。這一個滑稽的理由導致他一考試就神經質的不斷上廁所，以致連續重考三次都失敗。作為一個被期望為「孝順」的孩子(獨生子)，他考不上大學還有一個補救的辦法：傳宗接代。他沒有選擇對象的理由是：考了三年沒有考上，而且不會幹農活，

這兩件事讓他在農村變成一無是處的廢人。蟈蟈始終認定他的「錯誤」是在他的「命不好」。莫言的諷刺並不止於此，蟈蟈在和毛艷重遇之後，他的自主意識慢慢建立。他貸款買奶牛是第一件事，他的自主意識要從父母親譴責的話語裡聽出相反的意思：

> 我說我貸款買了五頭奶牛，嚇得爹娘啞口無言，一齊跑到院子裡看。爹娘進了屋，娘索索地抖，爹說：反了你個小雜種！這麼大的事你竟敢自作主張。（頁一八〇）

上述話語的底蘊透露出傳統家長式的中心霸權，作爲異質性聲音的毛艷所提的建議（擺脫家長式的霸權），無論是養牛或分家都被視爲妖言惑衆的雜音。從家長式的中心出發，蟈蟈的母親所下的詛咒是蟈蟈分家就要遭雷劈。其次，作爲獨生子的蟈蟈生下的是女兒蛐蛐，因此在「傳宗接代」這方面他是欠缺的。蛐蛐在嬰兒期曾被奶奶虐待，在敘述者蛐蛐看來，「奶奶是個老妖怪」，她母親繭兒像個不合時宜的「老母雞」（頁一九〇）。以繭兒有限的知識或女人的本能看來，蟈蟈之所以不喜歡她是因爲她沒有給蟈蟈生兒子，她是「生了兒子才能栓住男人的心」這一男性中心傳統觀念的犧牲者。因此，〈球狀閃電〉對峙的兩股力量是傳統的霸權和反傳統的爭辯，而一胎化的官方政策又爲傳統的力量增添助力。蟈蟈被球狀閃電斃死，表面上是傷天害理的正義發揮裁決的力量，實際上卻是遭受家長式的傳統霸權宰制。

　　莫言對中共一胎化政策的批判似乎不遺餘力。在〈爆炸〉中的敘述者和〈球狀閃電〉中的蟈蟈有著十分相似的婚姻情況，在一胎化政策下他們同樣領了獨生子女證。敘述者爲了自己的幹部身分強迫妻子流產，這種不人道的做法在政策下早已無是非對錯可言，就像毛澤東在〈延安文藝座談會上的講話〉所說的，在無產階級的社會裡沒有甚麼超階級的人性，只有帶著階級性的人性；

一胎化政策就是以國家發展爲上的決策，並無人性可言。莫言主要是以一胎化政策帶出農村的退化和落後，從父親畏瑣的形象到母親的小腳以至妻子的愚昧，這些對農民形體上的醜化與中共對工農兵至上的文藝政策是背道而馳的。莫言在這裡充分利用戲擬的假象，來反諷毛澤東對農村的歌頌：

> 金黃的麥穗，平靜的勞動，芳香的汗水，鮮花般的女孩，健壯的少婦，樹根般的老人……一幅天下昇平民樂年豐的優美圖畫，所有的色彩服從一種安靜的情緒，沒有風，沒有浪，沒有雷，沒有雨，人的動作似蛤類的移動，強大的平靜潮水沖刷過的沙灘上，留下一行行千篇一律的足跡，如同圖畫、文字和歷史。（一九九二ｂ，頁二三五～二三六）

這段頌歌式的文字，模擬毛文體的「歌德文體」，其實是在「說反話」，用以暗示敘述者和農村勞動的距離。對於一個一年回家一次的國家幹部，自認爲與農村的聯繫密切好似胎兒與子宮的知識分子，這個畫面是浪漫的想像，實際上他的遠離／疏離（一年回家一次履行丈夫的、爸爸的、兒子的職責），意味著他對農村的排斥，也是與中共工農兵爲上的政策唱反調。

　　這篇小說的知識分子與農民的「無言」情結，其書寫的對象從魯迅筆下的返鄉小說裡的情人朋友，移位至與自己關係密切的妻子父母身上。〈爆炸〉和〈球狀閃電〉對父母親和妻子卑下形象的描寫，又豈止是形體上的缺陷而已？正如王德威所說的，這是暗示階級背景的標記，並不曾在無產階級社會中泯滅，從身體的殘缺來點出心靈的殘缺（一九八八，頁二一三）。既然「無言」的對象移位，則所指涉的事物自然不一。〈爆炸〉的敘述者和〈球狀閃電〉的蝈蝈都面對自主意識的問題，他們要求獨立個體的完整性，實則他們兩人所反抗的不啻是來自倫理規範對自主意

識的束縛，而是對整個傳統的反搏。這也是從五四以來知識分子的共同主題，正如敘述者所說的：

> 父親是愛我的，即便是打我，也是偉大父愛的一種折射，但是，我不能因為父親愛我就投降。還有一種，還有一種超過父愛超過母愛的力量，不是愛情，不是憂傷，是一種無法言喻的東西在左右著我的感情，它缺乏理智，從不考慮前因後果，它的本身就是目的，它不需要解釋，它就是我的獨立。固然你們在辛勤勞動，你們的辛勤勞動創造了人類的歷史，但我還是要憎恨。（一九九二 b，頁二三六）

自主意識與父愛的衝突因而導致憎恨的情緒，這同時也是傳統與現代兩套價值觀的對話。當傳統以其不合時宜的自我中心霸權企圖控制獨立的個體，且冠以「父愛和母愛」這樣堂皇冠冕、企圖吞噬歧異的新時代聲音時，讀者看到的是傳統裡面已經腐敗的、所謂的「倫理孝道」，早已經失去它作為維繫社會倫理綱常的積極作用。

　　莫言並不僅僅滿足於反諷農村的落後與退化。曾是「美好的社會主義藍圖」大本營的農村經過無產階級思想洗禮之後，「階級」並未徹底消失，它依然存在倫理綱常的隙縫內，並且早已滲透其深層糾結的內裡。在〈爆炸〉裡，敘述者知識分子式的高蹈和父母親農民的低鄙構成明顯的對比，敘述者的妻子是「階級」裡承受最重的傳統包袱者，她沒有發聲的權利，只有藉傳統呂劇的青年寡婦李二嫂的哭調來抒發壓抑；亦即是她直接挪用李二嫂的唱詞來作為自己的聲音：

> 麥場上拉完碌碡再把場翻，滿肚子苦水能對誰言。
>
> （頁二四六）
>
> 這碌碡滾滾繞場旋轉，我的命和碌碡一樣一般，轉過來轉

過去何時算了，這樣的苦光景無頭無邊。（頁二五一）

在敘述者的耳裡，收音機李二嫂的聲音是和妻子的哭聲是糾纏不清的，李二嫂的唱詞哭訴著妻子的委屈，妻子和李二嫂在此其實是一體的。作為一個經年守候等待的妻子，她把自己比成了守寡的李二嫂，控訴苦難的生活，釋放對情慾的嚮往。無疑地，她和李二嫂的哭調，應是當代政治和社會所歌頌的美好鄉村景象中的異質性聲音。

莫言慣常以外形的扭曲來點出心靈的扭曲。在〈罪過〉（一九八七）裡，這一命題更落實在小孩身上。相對於魯迅「救救孩子」的呼喚，莫言卻以小孩外在形體的醜陋來寫其心靈之惡。這一敘述方式無異是對魯迅理想的逆轉，同時也把畸零的社會現狀擴散至孩童身上。莫言以此摹寫當代政治社會的畸型，他在題材上的處理實已超越同輩的作家如韓少功、王安憶和余華等。敘述者大福子由於妒忌弟弟小福子的得寵，因此任由小福子失足跳入河而不予以救援，由此來證明「好孩子不長命，壞孩子萬萬歲」（一九九三ｃ，頁一八）的歪理。他的惡意原本是一個單純孩子的妒忌，但是由於母親在食物分配上的偏心，以致由饑餓而引發對弟弟的殺機，這無異是在倫理悲劇中突出人性的原始獸性。至於誘發這原始獸性的原罪，卻直指當代社會從毛澤東以降的政治和經濟。貧困凋零的農村和艱辛的生活扭曲了人性，物資的匱乏間接導致人性的匱乏和變形。莫言以魔幻筆法取代寫實的筆法來寫孩子心靈極端的空虛，這種變化顯然是要拉長我們和現實的距離，例如以下這段小福子和腸子的對話：

> 小福子淹死之後，我一直裝啞巴，也許我已經喪失了說話的機能，我把所有的話對著我的腸子說，它也愉快地和我對話：

「你看到那個女人那個醜陋的大肚子嗎？」

「看到了，非常醜陋！」

「你說她還像我的娘嗎？」

「不像，她根本不像你的娘！」

「你看到我爹了嗎？」

「看到了，他像一匹老駱駝。」

「他配做我的爹嗎？」

「不配，我說了，他像一匹老駱駝！」

（一九九四ｂ，頁二五）

和腸子的對話這一魔幻寫實的筆法，是爲了把大福子的「罪過」推到無法轉寰的餘地，他對小福子的死絲毫沒有「罪過」的愧疚，反而對父親和懷孕的母親充滿惡意。至此魯迅「救救孩子」的呼聲在莫言的筆下，已徹底被饑餓的物質性需求所淹沒。

〈爆炸〉和〈球狀閃電〉除了對農村的落後視景，發出與官方相反的歧異聲音之外，同時也與傳統自我中心的家長式霸權作了對話。中國大陸的一胎化政策是當前與百姓的生活密切關聯的課題，這一政策不但與人性相牴觸，並且與中國人的傳宗接代的傳統思想形成盤根錯結的關係。〈棄嬰〉繼〈爆炸〉和〈球狀閃電〉之後，再次顯示出這個由一胎化政策所衍生的問題，以及對人性善良與自私的討論。敘述者對自己無意中撿拾的棄嬰感到手足無措，他既無法像小說《陸奧偶人》那樣以溺嬰來殺死沒及睜眼、沒及啼哭就被溺殺在滾水中的嬰兒（同前引，頁五八～五九），也不能收留自己在葵花地撿到的棄嬰。這個嬰兒對每一個領了獨生子女證的家庭而言都是燙手山芋，更何況她是一個女嬰。「救人」在這裡變成了兩難問題，正如敘述者所說的「我的廉價的憐憫施加到她身上，對她來說未必就是多大的恩澤，對我來說卻是

極度的痛苦了」（同前引，頁三二）。

　　棄嬰的問題使敘述者的價值觀不斷激辯：「好心不得好報可能是宇宙間的一條普遍規律，你以爲是在水深火熱中救人，別人還以爲你是在圖財害命呢！」（同前引）。相較於農村生活的改革和進步，人性在一個棄嬰的面前裸露了脆弱單薄的一面，「人類進化至如今，離開獸的世界只有一張紙那麼薄」（同前引）。因此，棄嬰給敘述者提供了一個對話的場域，所引發的討論是救人和害人，人性和獸性這兩個議題。〈棄嬰〉中所敘述的幾個畸型的例子都和這兩個問題（尤其是後者）有關。在這篇小說裡，一個三十幾歲的光棍想把女嬰養大做妻子，因爲女人在一胎化政策下快速地減少，相對的，男人卻在「傳宗接代」的觀念下急速增加，演變到即使富有也可能娶不到妻子的窘境。這個痛苦男人的畸念令敘述者那麼不忍卒聽，其根本還是：女嬰長到十八歲時他才五十歲，還能「傳宗接代」，問題是，難道每一個打光棍的男人都必須作此打算嗎？有人因爲生了三胎女嬰，到了第四胎依然是「少長一點的」，父親一看趕著馬車跑了，甫生產完的母親竟然從產床跳下，也扔下孩子跑了。歸根結柢，女嬰所引發的這些關於人性和獸性的問題，其關鍵依然在以男性爲中心的傳統霸權。敘述者最後把這個棘手又複雜的問題拋回給讀者：

> 避孕套、避孕環、避孕藥、結紮輸精輸卵管道、人工流產，可以成爲消除陸奧溺嬰殘忍的有效手段。可是，在這裡，在這片奔盛開著黃花的土地上，問題多複雜。醫生和鄉政府配合，可以把育齡男女抓到手術床上強行結紮，但誰有妙方，能結紮掉深深植根於故鄉人大腦中的十頭老牛也拉不轉的思想呢？（頁五九）

這個問題與其說是關於中國十二億人口的現實思考，不如歸結到

「形而上」的哲學領域。「傳宗接代」這一古老傳統在每一個時代都引發不同的討論課題；但是傳統之所以爲傳統，乃在於其背後有一歷史悠久、牢固且複雜的意識型態在運作，它滲透生活而且形成盤根錯結的關係。一胎化政策和這個古老傳統起衝突時，所引發的問題自然也不是「文學」所能解決的。

莫言在《紅高粱家族》裡這麼表示：「我曾經對高密東北鄉極端熱愛，曾經對高密東北鄉極端仇恨，長大後努力學習馬克思主義❻，我終於悟到：高密東北鄉無疑是地球上最美麗最醜陋、最超脫最世俗、最聖潔最齷齪、最英雄好漢最王八蛋最能喝酒最能愛的地方。……八月深秋，天邊天際的高粱紅成洸洋的血海。高粱高密輝煌，高粱凄婉可人，高粱愛情激盪。秋風蒼涼，陽光很旺，瓦藍的天空遊蕩著一朵朵豐滿的白雲，高粱上滑動著一朵朵豐滿白雲的紫紅色影子。一隊隊暗紅色的人在高粱棵子裡穿梭拉網，幾十年如一日。他們殺人越貨，精忠報國，他們演出過一幕幕英勇悲壯的舞劇，使我們這些活著的不肖子孫相形見絀，在進步的同時，我眞切感到種的退化」（一九八九 c，頁二）。從上引這段文字，我們可以看出莫言語言的戲擬性，他大量使用極端的形容詞「最」，既是對革命現實主義文風的戲擬，又分明表現了與「毛文體」的「家族相似」以及淵源。劉康以爲，莫言的語言之鋪陳、誇張，詞藻之鏗鏘昂奮，具有十足的革命現實主義、浪漫革命主義氣派（一九九五，頁三二〇～三二一）。上引文字不斷以高粱的紅色意象象徵革命的意義，而劉康所謂其語言具有革命現實主義和浪漫革命主義的特色；更恰當的說法應該是，莫言的語言對這兩種主義作了強烈的戲擬，就像他在《酒國》借李一斗的信所作的宣言：「嚴格恪守著『革命現實主義和革命浪漫主義相結合』的不二法門，從不敢越雷池半步」（一九九二 a，頁一九

二），無異是在對「毛文體」的反諷。

　　莫言小說所用的敘述手法五花八門，從魔幻寫實、意識流到後設，在在令批評者如王德威、劉紹銘和周英雄等稱奇，又何來「不敢越雷池一步」之懼？由此我們也可以看出莫言在《紅高粱家族》所稱「努力學習馬克思」的弦外之音，同時也可以他在《十三步》所說的「馬克思也不是上帝」、「不批判馬克思我們都得餓死！不批判馬克思我們就不是馬克思主義者！」(一九九〇，頁一)來印證其話語的矛盾和對權威的戲擬性。在《夢境與雜種》的序裡，莫言有一段話可以引出來，作為他對小說創作所以成為各種不同價值體系對話場域的原因：

> 我對夢境十分迷戀，好的文章應該有夢的境界。文學發展
> 到如今，純粹寫實的東西還有甚麼意思……文學只能寫夢
> 的境界，營造夢的氛圍了。雜種往往是生命力最強的東西，
> 好的文學，只能是雜種，就像騾子一樣，是馬非馬，似驢
> 非驢。（一九九四 b，序頁三～四）

上引這段文字告訴我們，莫言對所謂「純粹寫實」的創作手法並不認同；他十分清楚文學和現實的界現，這與獨白時期文學必須附屬於政治的革命現實主義，或浪漫革命現實主義的準則為依歸的做法並不一樣。同時，伴隨語言的意識中心解體，社會中各種豐富的語言得以從封閉、僵化、自足的現有體系和框架中掙脫出來，各種不同的價值觀得以活潑對話與交流，其結果是文學得以逐漸擺脫「毛文體」的一元中心美學原則。莫言以誇張、變形、卑賤化的語言對肉體和慾望作寓言性的書寫，這種狂歡化的話語策略，不但再現高密東北鄉／當代社會的怪誕眾生的喧嘩話語，並且亦反諷和批判了當代社會。

【註釋】

❶ 王干認為莫言是「在反文化的旗幟下幹著文化的勾當。莫言在褻瀆理性、崇高、優雅這些神聖化了的審美文化規範時，卻不自覺地把另一類齷齪、醜陋的文化神聖化了。他認為莫言不但褻瀆優雅的文化傳統，同時褻瀆了閱讀和讀者(賀立華、楊守森編，一九九二，頁二七七)。賀紹俊和潘凱雄則認為〈紅蝗〉的失敗在毫無節制的寫醜，並指出其兩大缺點，一是堆砌，二是做作（同前引，頁二二九～二三一）。夏志厚則一方面肯定莫言在〈紅蝗〉所做的嘗試，一方面也認為他「一味地貶抑道德戒律，張揚肉體本能，只能是以一種偏狹的追求去反對另一種偏狹的禁忌」（同前引，頁二二三～二二五）。丁帆則說莫言在〈紅蝗〉的描寫比自然主義還要自然主義（同前引，頁二九八）。

❷ 自然主義是十九世紀末到二十世紀初的一股文藝思潮，強調實驗科學精神的態度，加強文學描寫的實錄性和資料文獻的詳盡性(柳鳴九編，一九八八，頁十)。左拉在其〈實驗小說論〉一文中表示，「我將努力證明，既然實驗方法引導了人們認識肉體現象，它也可以引導人們認識情感和精神現象。這只不過是同一條道路上的不同階段，由化學發展為生理學，然後由生理學發展為人類學和社會學，實驗小說即為其終點」（同前引，頁四六六）。左拉所指的「實驗小說」即是應用生物學、心理學、社會學對文學現象作現實事件或人物，像科學家一樣作原原本本的「客觀」描寫，追求如科學般眞實主義的自然主義小說。他們反對技巧、虛構和想像，強調文學創作主要是「明澄如鏡地反映物象的目的」（頁二七七）。為了達到這樣的目的，作者甚至在寫到人物語言時也完全照搬生活中說話的語氣、節拍，在驚呼喊叫拉長聲音的句子裡也把重讀的字母重複多寫上幾遍（頁二一三）。

❸ 王德威認為莫言的〈白狗鞦韆架〉其基本模式是源於魯迅的「返鄉」小說，如〈故鄉〉、〈祝福〉、〈在酒樓上〉等，〈白〉作中苦命的

暖，煞似閏土、祥林嫂等人的化身，是工農兵「天堂」裡依然「被侮辱及被損害的人」。不過，〈白〉作的結局完全逆轉了魯迅式的論述（一九八八，頁一九二）。

❹如李清泉提到「我在閱讀到這一部分時是毛髮聳然，有點慘不忍睹的。而且若不是懷著生活考察和藝術考察的心情，是不願意讀下去的。它對於人的神經刺激過於強烈，久久不能消散，以至模糊和鈍化了其餘的感覺。這當然不是不能接受羅漢大爺的死，而是不能接受凌遲的具體細微的過程描寫」（賀立華、楊守森編，一九九二，頁一二六～一二七）。潘新寧則認為莫言對羅漢大爺的這一段描寫是「溢惡」、「失誤」、「缺乏分寸」，以致「喪失了審美價值和審美屬性」（同前引，一九九二，頁一八五～一八七）。蔡毅則認為莫言對羅漢大爺的描寫是「自然主義」（同前引，一九九二，頁一三一）。

❺毛式語言，或稱毛語言，張寧以為儘管不少大陸學者使用這個語詞，但是並沒有明確的界定。他認為毛式語言並不狹指毛澤東本人的語言，而是包含出現並盛行於毛澤東時代的一種泛意識形態的語言，與毛澤東神話聯在一起，有極強的政治聯想，曾一度成為大陸地區人民的日常生活語言，廣泛出現在報刊、出版品、文學作品、藝術、學校與人際交往之中。最大的特點是語言的活力消失，集體及政治意識的泛濫，進而使語言的表意彈性減至最低。在文學領域（包括創作、批評和理論）則表現為表達的重複、僵死、無個性活力（一九九〇ｂ，頁一四八）。

❻台灣洪範書局所出版的《紅高粱家族》並沒有「長大後努力學習馬克思主義」這一句，與劉康在其《對話的喧聲》一書中所引不一，疑是前者因政治因素刪去。實則這句話十分具戲擬性，故依劉文引用（一九九五，頁三一九）。這一句引文同時見於趙園所撰〈回歸與漂泊——關於中國現當代作家的鄉土意識〉（一九八九，頁五八）。

第六章　個人／主體性歷史的「重構」

第一節　性和血建構的野史

　　莫言的小說所呈現的狂歡化「嘉年華」生命形式，肯定了生命經驗本身的重要性。他把具體的人事物落實在想像的時空上，高密東北鄉這一原鄉符碼就成了他個人／主體所要建構的書寫場域，並進而與當代社會和中國歷史進行對話。不同於中共所書寫的官方樣本，莫言筆下的歷史充滿了慾望和想像，是由個體的生命力量所建構的「小我」的家族史，而非獨白時期服膺於官方意識型態之下，所要落實的官方敘述，或書寫其中充滿階級鬥爭和「大我」的革命歷史。

　　第三章已經提過，莫言筆下的原鄉原是紙上的產物，是想像的結晶，其所孕含的歷史原是充滿想像和慾望的主觀敘述，而非如寫實主義那樣把歷史定義爲「與事實相一致」的眞實。尼采就曾說過：「歷史其實是美學(藝術)的創造，故其所謂眞象其實是戲劇性而非客觀性的」(轉引自廖咸浩，一九九六，頁一二〇)。誠如卡西勒所認爲的那樣：

> 把歷史的眞實定義爲「與事實相一致」──使事物與理智相一致──這無論如何不是對問題的令人滿意的解答。……但是，歷史的事實是甚麼呢？一切事實的眞實都包含著理論的眞實。當我們說到事實時我們並不只是指我們直接的感覺材料，我們是在思考著經驗的也就是說客觀的事實。

> 這種客觀性不是被給予的，而總是包含著一種活動和一種
> 複雜的判斷過程。(卡西勒著，甘陽譯，一九九四，頁二五三)

所謂「既是包含著一種活動和一種複雜的判斷過程」的歷史，就
是以個體的自主意識為主體的書寫，這種書寫方式在莫言的筆下
就是一段充滿性和血的家族史。歷史在莫言的筆下被還原成生命
的原始狀態，是充滿慾望、暴力和流血的儀式。卡西勒這麼論述
歷史和生命之間的關係：

> 如果我們知道了編年史順序上的一切事實，我們可能會對
> 歷史有一個一般的框架和輪廓，但我們不會懂得它的真正
> 生命力。而理解生命力乃是歷史知識的一般主題和最終目
> 的。在歷史中，我們把人的一切工作、一切業績都看成是
> 他的生命力的沉澱，並且想要把它們重組成這種原初的狀
> 態——我們想要理解和感受產生它們的那種生命力。
>
> (同前引)

莫言的語言充滿怪誕現實主義式的誇張、變形和卑賤化的特徵，
他透過歷史的距離來回溯戰爭、革命、暴力中的生命力。劉康指
出，莫言的作品重現了抗戰時期的蕭紅、路翎等的狂歡化風格。
從蕭紅、路翎到八零年代莫言作品語言的嬗變與繼承之中，可以
看出狂歡化語言的「客觀記憶」，是恰如巴赫汀所述的杜斯妥也
夫斯基語言的梅尼普諷刺。莫言對革命與暴力、「肉體的物質性
原則」、「卑賤化」主題的聯繫和把握，體現了文化轉型期的多
面性。如果說蕭紅、路翎的作品中所再現的革命與暴力的現實，
所使用的是理想化、崇高化的語言形式，則莫言的作品中所再現
的革命與暴力，更凸顯出歷史的匱缺或不在場（一九九五，頁三一
八）。宣稱莫言的小說凸顯了歷史的不在場，即是指他試圖以狂
歡化的語言來重構一個想像的歷史，這首先要打破的是長期在寫

實主義神話之下的框限，並超越以馬克思主義進化歷史觀的樊籬，解構革命現實主義和浪漫革命現實主義的種種形式。

　　莫言重構歷史的企圖首先表現在《紅高粱家族》。他在《紅高粱家族‧跋》裡自稱留了很多伏筆，留待他日再「完整的表現這個家族」（一九八九ｃ，頁四九七），從這句話我們可以看出他書寫歷史的野心，周英雄就說《紅高粱家族》不僅是一個長篇，而且是一部很具現代特色的演義小說，它試圖透過紅高粱家族的族史，來探索中國人在歷史新舊交替期間所曾遭遇的種種人性問題（同前引，頁四九九～五〇〇）。其實，莫言不僅在這部長篇裡探索了人性，同時也對中共所編寫的官方歷史作了反書寫，來解構歷史客觀再現的神話，以及歷史只有作為純粹政治或經濟鬥爭發展史的一元意識型態。莫言筆下的歷史充滿慾望、權力和想像，顯示出傳統歷史敘述秩序的潰散，以及歷史不斷改寫和重整的變化特性，而非一直如中共所秉持的一以貫之的客觀書寫。

　　《紅高粱家族》的歷史時間是從一九二三年奶奶結婚當天開始，到一九七六年爺爺去世才告結束。這五十四年是中國當代歷史劇烈變動的時期，這段時間中國經過軍閥割據和共和國和談，高密東北鄉更是各派土匪和游擊隊、再加上衙門勢力鬥爭之地。到了日軍入侵，更形成複雜的爭奪局面。莫言刻意把歷史時間安排在這段歷史的變革期，無疑具有史詩的書寫企圖。一九七六年無疑是大陸歷史的轉捩點。這一年文化大革命結束，複調書寫的曙光初露，新時期開始。一九二三到一九七六年這段黑暗時期的「小我」歷史，更是與官方歷史對話與質詢的邊緣聲音。周英雄就認為紅高粱的家族史不妨以一部錯體的正史閱讀，閱讀錯體的正史可促使我們對正史有更正確的認識（同前引，頁五〇三）。

　　《紅高粱家族》採用即興說書的敘述方式，在時間上跳躍反

覆，而不是採直線進行的因果敘述。這一種形式上的突破，必須看成是一種意識型態的轉變，在此脈絡底下，亦即意味著產生此一敘述形式的文化形態發生了變化：文學不僅在內容上走出獨白，也在形式上與文化的變革密切呼應。其次，在語言上，莫言以狂放怪誕的文字戲擬革命現實主義和浪漫革命現實主義的文風，再現「小我」歷史的主體性書寫。卡西勒這麼描述語言和歷史之間的關係：

> 歷史學家並不是只給我們一系列按一定的編年史次序排列的事件。對他來説，這些事件僅僅是外殼，他在這外殼之下尋找著一種人類的和文化的生活──一種具有行動與激情、問題與答案、張力與緩解的生活。歷史學家不可能爲所有這一切而發明新的語言和新的邏輯。他不可能不用一般的語詞來思考或説話。但是他在他的概念和語詞裡注入了他自己的內在情感，從而給它們一種新的含意和新的色彩──個人生活的色彩。
>
> （卡西勒著，甘陽譯，一九九四，頁二七〇）

對於莫言來說，他在歷史事件中尋找的是驅動生命的原始力量，並且以低下的肉體物質性原則，顛覆了革命理想主義話語蘊含的內在秩序和等級。正如卡西勒所說的，在尋找人類的和文化的生活時，歷史學家/小說家不可能發明新的語言和新的邏輯來敘述，但是他在既有的語詞裡注入他個人的色彩。就莫言來說，他和前輩作家蕭紅、路翎等的語言同樣具有狂歡化的特色，但是後者所使用的是理想化和崇高化的語言形式，並不同於莫言的卑賤化的肉體物質性語言。莫言的拉伯雷怪誕現實主義的極端個性化語言背後是文化轉型的新高潮，就這點而言，卡西勒和巴赫汀所見略同。

　　《紅高粱家族》的歷史在「不肖子孫」敘述者的口中，是一段既「殺人越貨」，又「精忠報國」的土匪史；同時又是由「我爺爺」、「我奶奶」以男歡女愛，以肉體和慾望建構的浪漫史。在土匪種「我爺爺」余占鰲以血和暴力去開創蠻荒之地高密東北鄉的主體性歷史時，他同時也以勃發的慾望和「我奶奶」在高粱地裡書寫個體的生命史，因此余占鰲既是革命的主角，也是肉體感性慾望的主體。革命的暴力和血以及性便成了推動歷史的力量。

　　紅高粱家族就是以性為家族史的起始：

> 余占鰲把大簑衣脫下來，用腳踩斷了數十棵高粱，在高粱的屍體上鋪上了簑衣。他把我奶奶抱到衣上。奶奶神魂出舍，望著他脫裸的胸膛，彷彿看到強勁慓悍的血液在他黝黑的皮膚下川流不息。……奶奶心頭鹿撞，潛藏了十六年的情慾，迸然炸裂。奶奶在簑衣上扭動著。余占鰲一截截地矮，雙膝啪嚓落下，他跪在奶奶身邊，奶奶渾身發抖，一團黃色的、濃香的火苗，在她面上嗶嗶剝剝地燃燒。余占鰲粗魯地撕開奶奶的胸衣，讓直瀉下來的光束照耀著奶奶寒冷緊張、密密麻麻起了一層小白疙瘩的雙乳。在他的剛勁動作下，尖刻銳利的痛楚和幸福磨礪著奶奶的神經，奶奶低沉暗啞地叫了一聲：「天哪……」就暈了過去。
>
> 奶奶和爺爺在生機勃勃的高粱地裡相親相愛，兩顆蔑視人間法規的不羈心靈，比他們彼此愉悅的肉體貼得還要緊。
>
> 他們在高粱地裡耕雲播雨，為我們高密東北鄉豐富多采的歷史上，抹了一道酥紅。（一九八九 c，頁八九）

莫言以戲擬革命現實主義高亢的語調和語言來重構高密東北鄉的想像歷史時，其中「兩顆蔑視人間法規的心靈」是對道德的反抗和批判，但是「我爺爺」、「我奶奶」的形象卻是群衆性、開放

性的正面英雄人物，是革命的主角，因此這兩段充滿浪漫情調的敘述，就變成十分具有反諷張力的戲擬，其拆解的對象正是革命文學所形成的以現實主義爲基石的「大敘述」。王德威以爲，《紅高粱家族》的英雄兒女，快意恩仇固然令人大開眼界，但是如果進一步將此作置於四、五十年代《呂梁英雄傳》、《新兒女英雄傳》以降，正宗中共革命歷史小說的傳統觀之，才可見得莫言與歷史對話之時，已經改寫了傳統歷史敘述所形成的秩序。這股由文字象徵所形成的狂縱風格，本身就是一股新的歷史力量，可稱之爲「嘉年華」或「眩美」（sublime）（一九九五·六·一八，聯副，第三十七版）。至於這股新的歷史力量的內容，是由性的生命力首開其端，接踵而至的是由戰爭（抗日和游擊戰）所帶來的流血和暴力，性和暴力兩者爲紅高粱的家族史帶來光榮，同時也帶來爭議。余占鰲從殺害與母親私通的和尚開始，接著又殺了單家父子、日軍、花脖子，也殺過無辜百姓和自己的手下。這些人有些是該殺的，也有不該殺的。張志忠認爲，余占鰲殺人的標準並不依據法律上的「殺人者斬」，而是生命的激情和暴怒。就這點而言，他毋寧更接近梁山泊的殺星李逵，不求殺得有理，只求殺得痛快（一九九〇，頁八五）。

這種暴力由於加上了游擊隊與游擊隊之間的械鬥，以及這些「土匪」對抗日的決心，這使得敘述者既冠之以「殺人越貨」的大惡，且又冠以「精忠報國」的大忠。根據這一「悖論」（parodox）的敘述策略，則歷史原來並非可以春秋筆法使黑白對錯、正邪殊途判然劃分那麼簡單。在莫言筆下，紅高粱家族所演繹的是一部如《三國志演義》的「以文章之奇傳其事之奇」的地方誌演義，筆觸不乏演義小說的說話風格（周英雄，一九八九c，頁五〇八），正是這種說話的風格，使得他可以戲擬所謂的「三突出原則」❶

《紅高粱家族》在所有的人物中首先突出的卻是殺人越貨又精忠
報國的土匪種，因此接下來的兩個突出原則就變成「在反面人物
中突出英雄人物，在(反面)英雄人物中突出主要反面英雄人物」，
他這種對所謂的高大全型革命人物完美無缺、堪爲道德模範的反
面書寫，其所遵循的原則是「積德行善往往不得好死，殺人放火
反而升官發財」（頁一三七）。

　　戲擬傳統和當代政治的敘述策略同樣用在《紅高粱家族》中
最忠心的男僕羅漢大爺身上。他原是單家父子的下人，但是當他
發現殺害單家父子和放火燒房舍這兩件事全是一場把戲，是戴鳳
蓮所引來的一場共謀時，儘管他驚訝戴鳳蓮柔弱外表下的剛強與
兇狠，卻默默的許可了這齣不知是該視爲殺人（單家父子）還是
救人（救戴鳳蓮離開人間地獄）的戲。他和戴鳳蓮似乎有染，雖
然敘述者不願承認這個無從證實的「事實」，可是根據他回高密
向一位九十幾歲的老太太調查的結果是「他（羅漢大爺）和你奶
奶不大清白咧……別人都這麼說」（頁一四）。儘管如此，敘述
者卻仍舊認爲羅漢大爺是「一個忠實的老人家點綴著我家的歷史
而且確鑿無疑地爲我們家的歷史增添了光彩。我奶奶是否愛過他，
他是否上過我奶奶的坑，都與倫理無關」（同前引）。

　　莫言筆下的人物完全逆轉了「三突出原則」的書寫模式，而
以主體的歷史觀／倫理觀呈現生命和歷史之間複雜糾結的情慾關
係。此外，羅漢大爺的慘死，莫言幾乎是以歌頌革命英雄的高亢
筆調作鉅細靡遺的敘述，使得被剝皮的場面充滿悲壯的美感，在
這裡人性和獸性已混淆難分，暴力和流血抹紅了歷史。羅漢大爺
是最具革命英雄情操的一位。然而從敘述的歷史隙縫裡，他內心
其實充滿生命的慾望和人性的矛盾；他和戴鳳蓮之間的曖昧關係
爲他的道德情操添加了辯證的餘地。歷史如果係由余占鰲和羅漢

大爺這等人物所創造，則敘述者也同樣以「不肖子孫」的角度呈現了歷史──以性、暴力與革命的生命力所驅動的主體性歷史。

在《紅高粱家族》裡，如果仍有所謂的「英雄」以其龐沛的生命力來爲高密東北鄉的家族歷史寫下輝煌的一面，那麼在《食草家族》裡，莫言則以物質的卑賤化原則，以頹廢退化的歷史觀扭轉了紅高粱家族的光榮生命史。在《食草家族·作者的話》，莫言自稱這本書表達了他對性愛與暴力的看法(一九九三f，頁五)。《食草家族》和《紅高粱家族》雖然都是以高密東北鄉的兩個家族史來作史詩式的建構，可是這兩部小說對歷史的書寫卻是不同的。《紅高粱家族》顯然對祖先的光榮過去帶著仰慕和嚮往，至於《食草家族》則從歷史的開始就預言了這個家族的衰亡。這個預言是這麼說的：「兄妹交媾啊人口不昌──手腳生蹼啊人驢同房──遇皮中興遇羊再亡──再興再亡再仰仗」（一九九三f，頁三九一）。

作出上述預言的這個黑色男人類似中國古時的詩妖，具有預言國家未來存亡的能力，食草家族的歷史上不斷出現的性醜聞和暴行，即印證了這一則預言。近親交配的結果導致手腳粘連著鴨蹼的孩子不斷出生，爲了防止種的退化，食草家族活活燒死了一對近親通奸的男女，並且連續進行了四年的防止人種退化的集體閹割❷。但是《食草家族》似乎宿命地就注定了衰亡的命運，他們的女祖先是一匹紅馬駒，人畜交媾（如同預言所唱的「人驢同房」）的結果是再重新回到原點。非常明顯地，這一退化的歷史觀顛覆的是中共近四十年來受馬克思進化歷史觀所支配的意識型態，莫言欲以小說和想像取代歷史的意圖不言自明。相對於紅高粱家族對時間的明確標示（一九二三至一九七六年），食草家族的歷史時間是模糊不清的，唯一的線索是食草家族每五十年就有

一輪蝗災。

　　食草家族的女祖先原本是一隻紅馬駒，牠歷經由驢變人又變驢的「變形」（metamorphosis）過程。變形的觀念在巴赫汀那裡意味著文化轉型時期的一種對危機、斷層和命運門檻的自覺意識：

> 變形是塑造人物生活整體的基本方式，特別是處在危機的重要時刻。變形表現了個體如何變成與過去不同的他者，我們看到了同一個體差異極大的不同形象，這些形象在他的一生中的不同時間和階段統一於他的身上。嚴格來說並沒有甚麼進化發生，我們看到的，只是危機與再生。

　　（Dg，頁一一五）

紅馬駒第一次變形是在牠和小男孩幾經艱苦走出沼澤之後，牠和小男孩發生了感情，為了和他長相廝守，馬駒變成了姑娘。十幾年過去，當他們所生的兩男兩女亂倫，已經變成壯男的小男孩盛怒之下忘了當年和小馬駒的誓言，辱罵之中提了「馬」字，以致姑娘又再度變回馬駒，連帶兩個男孩女孩一起消失於煙霧中。他也在轉眼間由一個膘肥大漢變成乾瘦的死屍。在這個變形的過程中，主角變換了兩次，牠／她以不同的面貌出現，並以不同的角色來觀察其他（小男孩）角色。但是正如巴赫汀所言，變形的過程並沒有甚麼進化發生，只是馬駒在危機時刻與他者（小男孩）生命產生的交流，這個交流的過程導致牠的再生。再生之後的她卻因為誤吃彩球魚的卵而失去生育能力，再加上丈夫變心，於是再度變回馬駒。

　　這場家庭悲劇的原因仍然得回歸到性愛與暴力：馬駒和小男孩結合是因為牠在那些相處的日子裡「漸曉春情」，這是第一次變形的動力，也是新的、屬於人類的自主意識的覺醒。當他／牠們的孩子兄妹亂倫的時候，這亂倫的「性」也促成暴力——小男

孩以獵槍打死自己的孩子，而馬駒在這命運的門檻上同樣作了自主的抉擇──離開丈夫。歷史是個體成長的背景，但是個體又不完全聽命於歷史，就像馬駒一樣，牠／她常常不按牌理出牌，給歷史以驚訝，雷達稱之為「把歷史主體化」(一九八七，頁二〇七)。《食草家族》和《紅高粱家族》一樣，都是以性愛作為歷史的開端，和《紅高粱家族》不一樣的是，這本小說在手法上更魔幻／怪誕。作者逆轉了《紅》原始貫發的生命力，是以後來在《酒國》的頹廢犬儒思考模式來架構食草家族退化的家族史，同時其魔幻寫實的手法，也對中共的文藝與政治理論的寫實主義與進化論作了改寫與調整，是巴赫汀所謂的異質性聲音。

從莫言這兩個長篇所建構的家族歷史中，我們可以發現性和血是推動歷史的力量。誠如王德威所言，在「毛文體」的箝制下，歷史原應是「不言自明」的。從革命到解放到繼續革命，歷史可以先驗地詮釋新中國的過去，也可以預告她的未來。然而，如此靈驗的歷史又是在不斷改寫與重整中，才能證明其先驗性。五〇年代的革命歷史小說既要落實歷史，又要不斷革歷史的命，無疑是文類學上的一椿公案(一九九五‧六‧一八，聯副，第三十七版)。莫言面對這一文學與歷史的糾葛，卻能以主體性的聲音為歷史定位，挖掘出在歷史之下的想像和慾望，並且以小說取代歷史的敘述。《紅高粱家族》和《食草家族》以邊緣化的聲音和中共的革命歷史對話，質疑其合理性，並且發出與之相抗衡的聲音。我們必須指出，性和血在莫言的筆下除了作為一種和中心力量相抗衡的異質性聲音，這兩者的形象描寫也同時是寓言性的，主要是作為一種借喻，用以批判傳統和當代社會。

《酒國》作為一部展示中國食色文化的頹廢歷史，其批判角度不僅直指當代社會，也上溯中國文化腐敗的一面。楊小濱指出

《酒國》動筆於六四事件後數月，這意味著一種難以逃脫的命運：書寫種族歷史的血腥廢墟。不過，對於中國大陸作家（包括莫言）而言，嚴格意義上的再現歷史災難而不去探究社會與個人生活的日常性腐敗，是一種政治上的幼稚和道德上的不負責，因為正是這種腐敗一方面決定性地包含了種族的命運，另一方面拒絕任何對於邪惡事實的直接呈現（一九九四，頁一七五）。正由於這種腐敗具有傳統和當代的歷史和社會的雙重意義，《酒國》的邊緣性身分便因此成為和官方相頡頏的聲音。它是性和血的頹廢寓言，標榜人類菁英的高級知識分子，如李一斗的岳父教授喝酒竟然是為了意淫：

> 我岳父端坐在飯桌前，保持著教授風度。花白的頭髮在溫暖的燈光裡宛若蠶絲，而在窗外藍色電光映耀下卻像冷冷的，泛青的綠豆粉絲。他不理睬我的岳母，管自喝著酒，那是一瓶克利科·蓬薩旦寡婦香檳酒，酒液金黃，宛若洋妞光潔溫暖的胸脯；細珠串騰，猶如洋妞喁喁的細語；果香優雅，悅人醒神，越嗅越長，真是美妙無比。看這樣的酒，勝過看裸體的洋妞；嗅這樣的酒，勝過和洋妞接吻；喝這樣的酒……（一九九二ａ，頁三三六）

這是人類文明最高級最無恥卻也是最隱秘的心理活動，喝酒不僅是生理活動，更成了精神上的出軌。但是這一層卻無法以外在的法律或道德繩之，只能像丁鉤兒所說的：「跟你老婆睡覺是生活作風問題，你們烹食嬰兒是罪大惡極」（頁二三二），意淫也是個人生活作風問題，甚至如李一斗的岳母也只能啐之以「噁心」。喝酒在中國文化裡原是和禮樂結合作為修身養性的道德行為，它竟腐朽成如李一斗企圖闡明的，吃喝是一種逸樂的墮落過程，文明的實質已經被頹廢和腐朽所替代，它以外表的華美包裝了內在

的髒亂，就像「龍鳳呈祥」和「紅燒嬰兒」這兩道菜的色香俱佳，讓食之者渾然忘了它們髒亂和罪惡的實質。李一斗岳父的意淫是源自過份發達的飲食文化，它不像中國古代的房中術必得回歸到修身養性的傳統，而是純粹作爲一種逸樂，用以取代其妻子，使他能不斷沉緬在這種更有「想像空間」的心理活動裡。

　　「酒城酒是歷史的酒，酒城的酒裡浸泡著漢文化的經典」（頁三七〇），酒國頹廢墮落的歷史也就是漢文化歷史晦暗的一面。歷史並非如中共認定的那樣是招然若揭的；相反的，歷史就像酒國所展示的，其實充滿慾望和頹靡的想像。與李一斗的岳父相輝映的是丁鈎兒。他本以偵察殺食嬰兒罪行的正義之名出發，卻在行程的開始就墮入性慾／色情的深淵。這個墮落的旅程自此就往野蠻的退化歷史回溯，當他和中國文化中所有「最王八蛋」的一面都打過交道，他消除暴行的努力最終竟變成對暴行的積極參與；同樣地，丁鈎兒也徹底的由偵察員的身份變成罪犯。楊小濱認爲丁鈎兒和李一斗如此輕易的同吃人的社會不可分割，這說明了最可怕的危險也許並不來自可感的暴行，而在於暴行的不可觸及或難以認知，在於對暴行的一無所知（一九九四，頁一八二）。丁鈎兒本來是要爲歷史找出正義的面目，不料竟是讓歷史的正義陷落在混亂和腐敗之中；他也伴隨著理想、尊嚴、榮譽和愛情等等諸多神聖的東西，一起沉入了茅廁。

　　丁鈎兒的偵察員身分戲擬了樣板戲中《智取威虎山》中的楊子榮（頁四一四）。這個偵察員原是代表中共欲將社會救離苦海。丁鈎兒的身分雖然和楊子榮一樣，也是官方人物，但是他在偵察的過程中總是連自己要做甚麼都不太清楚，小說裡形容他：「在這個星球的人海裡，站著一個名叫丁鈎兒的偵察員，他心中迷糊，缺乏上進心，情緒低落，悲觀孤獨，目標失落」（頁一四三）。

如果說「有人走向朝陽，他（丁鉤兒）走向落日」（頁三八〇），
那麼走向朝陽的楊子榮，他代表的是中共（特別是毛澤東），總
是相信歷史是前進的，至於丁鉤兒作爲暴行的參與者，則注定墮
入血腥和惡臭的黑暗中。

　　莫言以小說取代歷史的企圖，可以從他總在小說處理兩代到
三代人的生命形式的變化可以看出來。除了《紅高粱家族》和
《食草家族》明顯的對家族史的建構意圖之外，〈老槍〉、〈金
髮嬰兒〉、〈枯河〉、〈父親在民夫連裡〉等中短篇小說都對家
族的生命變異作了不同角度的探討。這些小說之間的相似之處是：
處理慾望或暴力和生命之間的微妙關係。譬如〈老槍〉所代表的
是一個家族的衰退史，奶奶以一支槍看家護院，馳馬打獵，親手
擊斃盜賣家產的爺爺；爸爸爲了逃避仇人報復而舉槍自殺；奶奶
則爲了避免第三代的大鎖再重演上一輩由槍帶來的悲劇命運，狠
心切斷他右手的食指，讓他再也無法用槍。不料大鎖卻因爲忍受
不了「古老的嗜血慾望」（一九八六ａ，頁二五八），偷偷的拿了
槍去打野鴨子。最終因槍莫名其妙的走火而喪命。家族和槍之間
似乎存在著一種宿命的關係。槍和家族之間的關係是矛盾的，它
既是讓家族滅亡的暴力工具，又是家族生命延續的象徵。

　　在〈金髮嬰兒〉裡，導致鄭天球殺死嬰兒的緣由是因爲他把
嬰兒當成情敵黃毛，在他的心目中並不認爲自己是在虐殺毫無自
衛能力的嬰兒。張志忠認爲，〈金髮嬰兒〉、〈築路〉和《紅高
粱家族》裡的性愛，都是對肉體的迷戀，並由性愛的極端導出嫉
妒心理和排他性，表現出生命未經馴化的野性和暴力（一九九〇，
頁一〇四）。〈枯河〉中的家庭悲劇則是由於小虎不堪被父親毒
打而以死相向；小說一再出現「血紅的夕陽」這一意象，它不但
是社會變革（共產黨的統治）的象徵，同時也是生命悲劇的暗示。

小虎從樹上掉下來壓死幹部的女兒這一荒誕的宿命，引發了家庭壓抑的暴力，父親把社會對他的迫害（上中農的階級身分）全都化成獸性發泄在兒子身上。「血紅的夕陽」除了象徵生命的殞落之外，共產主義的血腥和肆虐則是其深層的隱喻，正如小說所寫的：「鮮紅太陽即將升起的那一刹那，他被一陣沉重野蠻的歌聲喚醒了。這歌聲如太古森林中呼嘯而過的狂風，挾帶著枯枝敗葉污泥濁水從乾涸的河道中滾滾而過」（一九九二 b，頁一二三）。共產黨在大陸四十年所留下的暴虐，正是上述引文的現實指涉點。〈父親在民夫連裡〉所發生的暴力都是因為「飢餓」，暴力和生理基本要求之間的關係演繹的是「官逼民反」這一古老的道理，而官逼民反的話語背後卻是政治的無能和暴力。

莫言以「小我」的主體性建構了以性和血的野史，這主體性聲音創造了一系列縱橫虛／實，真／假的人物列傳和事件傳奇。他筆下的高密東北鄉不過是他寄託想像的場域，是以實際的地理位置做為敘述的起點，以此建構一虛實相生的奇詭世界。其次，莫言對於歷史的論述同時觸及中國傳統和當代社會的腐敗面。王德威認為莫言以一種空間意象來托喻歷史感觸，而在《酒國》裡方可見得莫言的當代史觀早已化為那個慾望橫流的神秘酒國了（一九九五・六・一八，聯副，第三十七版）。莫言所書寫的野史裡面充滿了慾望和血腥，這一敘述方向所引伸的討論是對中共官方「大敘述」的思辯和質疑。過去四十年來大中國的歷史敘述和實踐所留下的暴力與流血，在進入八十年代莫言這輩小說家筆下，卻成了主體以一己的想像去書寫個人、家族、民族歷史的力量。性與血兩者在中共過去的歷史裡都昇華成為政治服務的革命力量，莫言卻以最動人的「說故事者」身分瓦解神秘的歷史，植入性和血的主體生命敘述。

第二節　退化的歷史觀

　　中共政權過去四十年來以馬克思主義史觀所寫就的一以貫之的進化歷史，深信人類社會總是隨著時間的推移從低級走向高級，從黑暗走向光明，從殘缺走向完美，貫穿其間的是一種今勝古的直線進化史。這樣的歷史觀籠罩下的獨白時期文學，也呈現了同樣的意識型態。莫言小說中強烈的「種的退化」❸傾向，其所質疑和挑戰的，正是這種簡化的歷史取向。如果說「歷史」長久以來被中共政權神化為社會主義運動中的見證，那麼莫言則以小說取代歷史敘述的合法性。他用當代的意識去觀照歷史，歷史在他的筆下是一種以性和血的原始動力所建構的主體性力量，他的退化歷史觀因此是挑戰官方進化唯物史觀的異質性聲音。他以此批判農村／農民的落後和封建，顛覆中共所描繪工農兵為上的美好社會主義藍圖。

　　莫言在《紅高粱家族》中，以祖孫三代的對比，顯示出一代不如一代的退化歷史。敘述者是以返鄉者的身分回去高密東北鄉，準備為家族樹碑立傳。他在小說的題辭首先就以高亢的語調歌頌自己的祖先：

> 謹以此書召喚那些游蕩在我的故鄉無邊無際的通紅的高粱
> 地裡的英魂和冤魂。我是你們的不肖子孫，我願扒出我的
> 被醬油醃透了的心，切碎，放在三個碗裡，擺在高粱地裡，
> 伏維尚饗！尚饗！（一九八九c）

這段類似戲曲的楔子的題辭，後半部以「不肖子孫」的卑下兼戲謔的語調和用詞來反襯出對祖先的景仰，事實上已經暗示了《紅高粱家族》的歷史觀。祖先是在高粱地裡打游擊戰和日本鬼子的

抗日英雄：「他們殺人越貨，精忠報國，他們演出過一幕幕英勇悲壯的舞劇」（同前引，頁二），但是敘述者這個孫子卻自稱「我逃離家鄉十年，帶著機智的上流社會傳染給我的虛情假意，帶著被骯髒的都市生活臭水浸泡得每個毛孔都散發著撲鼻惡臭的肉體」（頁四九三）。相形之下，他確實已經沒有爺爺一輩原始賣發的生命力，在憑弔祖先之餘，敘述者因此自覺「我們這些活著的子孫相形見拙，在進步的同時，我眞切的感到種的退化」（頁二）。在這裡，莫言所演繹的命題是：社會和經濟上的進步馴化了人的野性和原始的生命力，眷養了人的文明惡習和墮落的個性：

> 我在遠離故鄉的十年裡所熟悉的那些美麗的眼睛，多半都安在裝在玲瓏精緻的家兔頭顱上，無窮的慾望使這些眼睛像山楂果一樣鮮紅欲滴、並帶著點點黑斑。我甚至認爲，通過比較和對照，在某種意義上證明了兩種不同的人種，大家都按照自己的方式在進化著、各自奔向自己的系統裡確定的完美境界。（頁四九三）

儘管敘述者寬容的認爲，兩種人種都各自有自己的完美境界，可是相對於曾有英雄歷史的紅高粱家族，他現在所處的「文明」，其實是不折不扣的「退化」。《紅高粱家族》的退化歷史在敘述者的口中始終是和高粱的命運緊緊相扣的，隨著人種的退化，純種高粱也逐漸爲雜種高粱所代替：

> 我反覆謳歌讚美的、紅得像血一樣的紅高粱已被革命的洪水沖激得蕩然無存，替代它們的是這種稭矮、莖粗、葉子密集、通體沾滿白色粉霜、穗子像狗尾巴一樣長的雜種高粱了。它們產量高、味道苦澀，造成了無數人的便秘。那時候除了支部書記以上的幹部，所有的百姓都面如鏽鐵。我痛恨雜種高粱。雜種高粱好像永遠都不會成熟。它永遠

半閉著那些灰綠色的眼睛。……它們空有高粱的名稱，但沒有高粱挺拔的高桿；它們空有高粱的名稱，但沒有高粱輝耀的顏色。它們真正缺少的，是高粱的靈魂和風度。

（頁四九五）

　　高粱的生命史就是紅高粱家族的生命史，高粱是人類生命的圖騰，雜種高粱就等同於退化的紅高粱後代，它／他們所缺乏的，是純種高粱／紅高粱家族的靈魂和風度，也即是苦難中國百姓的生命力。必須注意的是，在上述引文中，莫言強調「革命」之後，純種紅高粱就已經失去其昂揚的生命力，印證本章第一節所論述的，莫言以革命的暴力和流血來象徵生命力的用意。爺爺奶奶浪漫放縱的生命型態除了作為生命力的象徵之外，也是對腐朽封建禮教的反抗。他們追求的是由自主個體主宰的生命和生活，就像戴鳳蓮臨死時所吐露的，他們渴望的是「幸福、力量、美」。

　　戴鳳蓮自主獨立的勇氣，到了孫子這一代的紅高粱後裔，卻已經變成「可憐、屏弱、猜忌、偏執、被毒酒迷幻了靈魂」，迷失在價值紛亂的當代社會裡的人。張志忠認為種的退化的標誌，就是人們越來越退縮到內心的生活之中，把自己封閉起來，與世隔絕，並由此充實荒涼而冷漠的內涵（一九九○，頁一一五）。戴鳳蓮臨終前的表白，不但象徵心靈與天地萬物的交流，也表示她的生命慾望在現實世界裡充份的實現和開展，是以現世的生命力量勇敢去追求和落實理想的獨立個體；然而爺爺奶奶的傳奇，卻成了孫子可望而不可及的神話。在此情形下，敘述者只能以「我」的幻想去追隨父親的幻想，父親的幻想再追隨爺爺的幻想，在這樣的緬懷過程中，爺爺奶奶的神奇／神秘性遞增，也就愈顯出那一代的輝煌，愈顯得「我」的卑下：

　　我被雜種高粱包圍著，它們蛇一樣的葉片纏繞著我的身體，

> 它們遍體流通的暗綠色毒素毒害著我的思想，我在難以擺
> 脫的羈絆中氣喘吁吁，我爲擺脫不了這種痛苦而沉浸於悲
> 衰的絕底。（頁四九六）

儘管這種退化的痛苦令敘述者絕望，但是《紅高粱家族》的結尾
卻仍然導向一個希望的所在，一個來自祖先的遙遠聲音，對敘述
者發出了指示的迷津：

> 在白馬山之陽，墨水河之陰，還有一株純種的紅高粱，你
> 要不惜一切努力找到它。你高舉著它去闖蕩你的荆榛叢生、
> 虎狼橫行的世界，它是你的護身符，也是我們家族的光榮
> 的圖騰和我們高密東北鄉傳統精神的象徵。（同前引）

如果把這段來自祖先的期盼和叮囑當成是《紅高粱家族》經過三
代之後試圖中興的希望，那麼這個來自是「像我爺爺的聲音，又
像我父親的聲音，也像羅漢大爺的聲音，也像奶奶、二奶奶、三
奶奶的嘹喨的歌喉」（同前引），也只能是紅高粱精神最後的空
谷回音了。

　　莫言在《紅高粱家族》對生命力的歌頌僅止於「我爺爺、我
奶奶」；但是他們卻是作爲鏡子，讓後代照見自己的充滿「家兔
子氣」的退化尊容。在爺爺奶奶的英雄史前，「我」總是不由得
失落和惆悵，在敢愛敢恨叱吒風雲的祖先面前，徒然顯出自己的
渺小，「種的退化」的慨嘆便因此油然而生。這退化的歷史觀在
《紅高粱家族》是因緬懷而生的今非昔比的複雜情感，在這三代
的歷史中總是有一偉大的祖先可以作爲追隨景仰的對象，儘管余
占鰲的傳奇或許有過份理想化的詮釋。周英雄認爲爺爺談不上甚
麼「鐵板王」，而「天下初定」這回事也沒能實現。從政治的觀
點來看，爺爺的一生可以說是失敗的，可是從「人性的光輝」來
看，作者認爲爺爺是成功的，是一個不折不扣的英雄人物（一九

八九，頁五一九）。

　　基本上，任何一個論述的行為（discursive act）都是一個「治療的行為」（therapeutic process），對歷史的重建企圖更是充滿了治療色彩。這個行為往往是要藉著「把不堪的過去予以反省檢試」，尋找重生的契機。但「在這樣的過程中所憶起的事件，事實上未必是當時發生的事件，而是治療過程所創造的歷史中的一些想像時刻」（廖咸浩，一九九六，頁一二○）。余占鰲這個人物乃是他孫子敘述的一個歷史人物，在經過回憶的「治療的行為」之後，他所創造的歷史因此增加了想像和美化的成份，與爺爺本人多少不同。孫子對祖先一以貫之的歌頌態度便是在治療過程中對過去予以重新組合，使之成為「從此時此地的角度對過去事件所做的完美歷史化，因而成為因果明確的一篇敘述」（同前引）。

　　在《紅高粱家族》裡，如果說莫言退化的歷史觀還有轉寰的餘地(在結尾仍有祖先的殷殷期盼)，仍然保留對生命力復甦抱著一線希望，那麼，在《酒國》中，則連這一絲樂觀都泯滅殆盡，歷史不斷退化，最終成為頹廢和墮落的寓言。楊小濱認為《酒國》可以看成是歷史意識的混亂發展的頹廢寓言：

> 歐洲世紀末的頹廢美學來自對傳統基督教時間觀的反動，也是對包括馬克思主義在內的總體化歷史觀的質疑。莫言關於衰頹的觀念早在他的《紅高粱家族》中就已初有表露：比較「我爺爺」、「我奶奶」一代和「我」這個「被骯髒的都市生活臭水浸泡得每個毛孔都散發著撲鼻惡臭的肉體」，「證明了兩種不同的人種」。同馬克思主義的社會演進正好相反，這是嚴格意義上的退化，預示了《酒國》對現代個體和集體腐化的直接展示。（一九九四，頁一七七）

作為一個進化的文明社會，人類該像樣板戲《智取威虎山》中的

楊子榮，把社會帶向「理想、正義、尊嚴」，可是丁鉤兒卻是背向朝陽走向落日，形成與楊子榮民族救星的相反形象。在追求尊嚴和正義的過程，他卻一步一步瓦解了這兩者的崇高和可能性。慾壑難填，任何由外在的物質所誘發的本能慾望帶來的興奮、刺激和快感不斷腐蝕人性，食色慾望的糾纏不斷的把丁鉤兒拉向頹廢和墮落。在這裡我們看到了《酒國》的後現代思考，目標／中心是永遠懸而不決、不斷被擱置延宕的想像／理想，在追尋「目標」的過程中，我們只能看到由它繁衍出來的「差異」——腐敗、污穢、墮落，並且只有無止境的追逐下去。所以儘管丁鉤兒已經命喪茅坑，但是罪惡仍然繼續繁衍，敘述者莫言在最後一章出現在李一斗的真實和丁鉤兒虛構的酒國市中，莫言並且再一次經歷丁鉤兒的腐敗歷程。除了紅燒嬰兒之外，他也參加了丁鉤兒曾經吃過的宴席，並且在一尺酒店中和金剛鑽同桌。這時候莫言已經喪失了他和李一斗通信時的清醒和正義，借著醉意大大的稱讚了金剛鑽：「金副部長……想不到您是個這麼優秀的人……我還以為您真是個……吃小孩子的惡魔呢！」（一九九二 a，頁四〇九）。

在這個酒席上，莫言的醉態和巴結阿諛諂媚的醜態和丁鉤兒並無差別，楊小濱以為，莫言用醉來重複丁鉤兒的角色，他在昏昏沉沉中終於意識到醉死在酒國就跟丁鉤兒一樣了，於是整部小說結束於他們各自使命的絕對深淵中：醉倒，或者喪失精神和肉體的拯救力量，成為唯一的真實（一九九四，頁一七八）。在小說的最後，莫言以沒有標點符號的數千字的大篇幅敘述內心的意識思想，他承認自己「多少年一直被性與道德糾纏得痛苦不堪」（頁四一四），並且經歷了李一斗的岳父以酒意淫的過程。這樣一來，他的墮落簡直較丁鉤兒更有過而無不及了，末了連他自己都覺得和丁鉤兒是久別重逢的親兄弟，於是沉淪取代象徵進化文

明的正義和美好的品德，最終使正義的目標／中心失去所指。

　　劉再復以爲「一尺酒店」的總經理、身高僅五十七厘米的侏儒余一尺被稱爲《酒國》的靈魂，讓人感到大陸文學的審美趣味已發生重大的位移，這就是從「高大全」的英雄王國到「余一尺」的侏儒王國的位移，也可以說是武松王國到武大郎王國的位移。這種文學現象不僅反映著文學的滄桑，也映射著社會文化心態的滄桑（一九九五，頁一八）。在莫言給李一斗的回信中，莫言就曾經說「這個余一尺，是你們酒國市的靈魂，在他身上，體現了一種時代精神」（頁二一三）。這種時代精神就是劉再復所說的「社會文化心態的滄桑」，也就是莫言的筆下的退化歷史觀，《酒國》因此就成了一則衰頹的國族寓言（national allegory）。

　　從《紅高粱家族》到《酒國》，莫言的退化史觀已經徹底顯現，這一說法可以從「酒」的意象之轉變得到線索。紅高粱家族的成員幾乎都十分善飲，連滴酒未曾沾過的奶奶第一次喝酒就喝下半瓢，而且喝酒之後面色紅潤，眼睛明亮，顯得靈氣逼人，酒並不具有麻醉人，使人逃避到幻覺的國度的負面作用。相反的，它是打破社會的枷鎖，催生勇氣的泉源，因此具有解放（桎梏）的功能。當單家父子被殺，酒又是殺菌去毒的中介，意味著新生的開始，酒的形象是正面而積極的力量。但是到了《酒國》，丁鉤兒和莫言則因的醉酒而變得消極，楊小濱認爲通過醉而獲得的暫時瘋狂標示著自我意識的喪失，標明了外界力量（表面上是自然的但根本上是社會的力量）的徹底支配。在這裡，喝酒就不能被看成是積極的、自律的，而必須看成是消極的、他律的行爲，是對自我意識的被迫放棄（一九九四，頁一七八）。《酒國》把中國文化中的美食文化酒作卑賤化的處理，所批判的是中國文化中腐敗的一面——把飲食文化中屬於道德修養的部分撤開，而留下

殘餘的污穢，這一來美食文化即轉變成口腔文化，再變成吃人文化。從這個歷程我們可以看到歷史的退化，就好像周英雄對《紅高粱家族》提出的問題：

> 《紅高粱家族》表現的是現代精神，使用的也不乏現代技巧，可是小說的哲學基礎中也充滿了反現代的歷史觀，暗示所謂「種的退化」，令人不免掩卷長思：到底文明的發展指向何方？而理性、愛情、禮教、國家民族等觀念，是不是比我們想像的要來得複雜，值得我們再三思考？
>
> （一九八九，頁五二○）

在《酒國》裡莫言回答了周英雄的疑問，文明是慾望過度發展的結果，最終將轉化成道德淪喪和歷史衰微，並且文化將一步步的陷落，最終把菁華的部分消耗殆盡。這一（退化）發展就是由美食文化過渡到吃人文化，因此《酒國》烹食嬰兒便具有了貫穿歷史傳統和時代的社會意義❹，所不同的是這一吃人文化傳統已不同於《西遊記》和〈狂人日記〉的處理手法。《西遊記》中提到萬壽山上有一棵人參果，果子的外表像出生三天的嬰兒，不但外形神似，而且吃上一個就可活上四萬七千年，此其一；妖精千方百計要吃唐僧鮮美的肉以延年益壽，是其二；再加上在七十八回中提及吃一千一百一十一個童子的心肝可以長生的說法，可見吃人的主題一直和神聖的取經之旅未曾稍離。不過，在《西遊記》中，吃人的罪惡最終都被殲滅，人們都從危厄中逃離。〈狂人日記〉中的狂人卻始終陷在被迫害和被吃的妄想之中，惶惶以終。

《西遊記》和〈狂人日記〉都可以讀成吃人和反吃人的歷史，不過孫悟空的「救救孩子」和救救師父的功績是《酒國》中的丁鉤兒或李一斗無法企及的。李一斗和丁鉤兒由於對暴行的無所警惕，對人類潛在的暴行一無所知，以致最終變成暴行的參與者。

楊小濱認為這是吃人的主題在古典主義、現代主義和後現代主義中不同的處理(頁一八二)。充斥暴行和野蠻的混亂社會在《酒國》成了退化歷史的標誌,這兩者意味著所有的價值判斷都將被危機四伏的罪惡所掌握,因此價值判斷也終將失去所指,載浮載沉於罪惡的海洋中。這是「吃人」的主題在莫言的後現代思考和手法之下所呈現的面目,同時也讓我們得以區分《紅高粱家族》和《酒國》的不同之處:前者把暴行和野蠻落實在一種懷舊的氣氛當中,因此這兩者就轉變成一種具有悲劇性的崇高和正面的肯定,這也是《紅高粱家族》最後仍然對家族的中興存有一線希望的原因;至於《酒國》則讓一切美好的價值判斷都隨丁鉤兒落入茅坑。

　　莫言在《食草家族》中所呈現的退化歷史觀又和《紅高粱家族》的不同。《紅高粱家族》以一種近乎崇拜的景仰語調寫就的、對祖先轟轟烈烈的事蹟之歌頌;《食草家族》卻充滿了宿命的預言,著力於渲染祖先的性愛與暴力,而且一開始就以命定的卑屈姿態,去追溯這個吃茅草的家族的歷史。我們可以用兩首歌謠對這兩部長篇作創作理念上的比較:

　　　妹妹妳大膽往前走

　　　鐵打的牙關

　　　銅鑄的骨頭

　　　從此高搭起繡樓

　　　拋散著繡球

　　　正打著我頭

　　　與你喝一壺紅殷殷的高粱酒。

　　　(一九八九 c,頁一一四～一一五)

　　　兄妹交媾啊人口不昌

　　　手腳生蹼啊人驢同房

遇皮中興遇羊再亡

再亡再興仰仗。

（一九九三ｆ，頁三九一）

前者是奶奶在過門後回娘家再被父親送往單家的路途上，余占鰲對奶奶所唱的暗示性歌謠。這首鏗鏘的歌謠充滿高昂的生氣，除了是爺爺對奶奶的承諾之外，也是紅高粱家族面對生活和未來一種無懼、直往前走的大勇。這首歌謠同時也預見了爺爺奶奶未來的結合，所持的是一種樂觀前進的態度。至於後一首則預見了食草家族必然衰亡的未來，食草家族最原始的女祖先是一匹馬駒，她的子女（那兩對孿生兄妹）由於近親交媾，以致被父親打死了一對，剩下的那對便成了食草家族的祖先。近親交媾的結果終於導致後代子孫越來越衰亡——衰亡的徵象就是手腳長蹼。

　　莫言的《食草家族》有十分濃厚的魔幻色彩，這種衰敗的家族史，十分類似馬奎斯在《百年孤寂》所寫的邦迪亞家族和福克納《喧囂與騷動》的康普生世家，祖先們開創的精神和昂揚的生命力到了後代便蕩然無存。康普生家族的祖先曾是叱吒戰場的英雄，然而後代有的是自殺，有的變成白痴；邦迪亞家族更是在歷史的開始就有了不祥的預兆，吉普賽人麥迪魁早在一百年前便預言，邦迪亞家族最後一個長豬尾巴的後代將被螞蟻吃掉，到時，馬康多鎮也將被颱風吹走。這個從蠻荒之中誕生的小鎮馬康多，所揭示的是拉丁美洲被現代文明遺忘的孤獨歷程。

　　我們可以從莫言所寫的食草家族的歷史中發現和馬康多相似的退化痕跡，這包括近親交配，預言的靈驗以及一代不如一代的衰亡。張學軍曾指出，《紅高粱家族》的孫子只是對家族輝煌的歷史產生了朦朧的嚮往之情，但是在《食草家族》中，莫言是有意識而自覺的創造了食草家族的歷史（一九九二，頁二〇一），這

正和作者在《紅高粱家族》的跋所說的相符：「我在這本書裡留了很多伏筆，這為我創造了完整的地表現這個家族的機會，同樣也是我表現自己的機會」（一九八九ｃ，頁四九七），《紅》書對「種的退化」並未作完整的交待，亦即是說他對紅高粱家族的中興和祖先的態度一樣，猶留有一線希望。可是在《食》裡，他卻作了徹底的了斷。《食》書的跋題為「圓夢」，除了對原來名為《六夢集》的書之完滿出版之外，亦可視為圓了在《紅》書對「種的退化」未竟全力的遺憾。

　　《食草家族》視城市為墮落之都。來自高密東北鄉的賣畫眉老頭甚至死都希望埋葬在高密東北鄉。敘述者是在城市才發現自己身上也擁有許多墮落的因素，不但想墮落，甚至想犯罪，這是退化的因子在作祟❺。敘述者和《紅》書的「我」一樣，已經離開故鄉多年，如果《紅》書的「我」已經「帶著機智的上流社會傳染給我的虛情假意，帶著被骯髒的都市生活臭水浸泡得每個毛孔都散發著撲鼻惡臭的肉體」（一九八九ｃ，頁四九四），那麼在《食》書的「我」則已經深陷在犯罪和墮落的深淵中難以抽離，因為那個「我」寄居的都市已經沒有道德和貞操可言：

> 公共汽車在我身後的楊樹下嘎嘎吱吱地停住，我不回頭也知道一群男女從車上湧下來，他們從哪裡來，他們要到哪裡去，他們是去維護道德還是去破壞道德，這座城市裡需不需要把通奸列為犯罪，我的腦袋沉重地運轉著，我的戴金絲眼鏡的同學說，這座城市裡只有兩個女人沒有情夫，
>
> 一個是石女，另一個是石女的影子。（一九九三ｆ，頁一五）

基於對城市的厭惡，敘述者回到那個曾是他當年放牧牛羊的地方，卻失望地發現高密東北鄉已經「野草枯萎，遠處的排水溝裡散發著刺鼻的臭氣」（頁三一）。這個返鄉者回到地理上的故鄉，卻

無法尋回昔日故鄉的輝煌。由此我們再次發現，莫言筆下的高密東北鄉展現的是一時空的焦點符號，落實歷史辯證的範疇，而非地理上的真實原鄉。「歷史」在莫言的紙上敘述之下別具風貌，他不但把歷史空間化和局部化，更加上主體生命經驗的論述，創造他所召喚的理想鄉土。在《食草家族》中，他揚棄了過往寫實主義小說的一些技巧，例如全知的敘述者、「自然」的時間順序和因果關係的情節佈局等，展現的是一個在主體觀照下的退化歷史觀。正如王德威所說的，從鄉土尋根文學的角度來看，評者可說莫言就此已建立了一套城與鄉、進步與落後、文明與自然的價值對比。但是這種主題學式的類比有其限制（一九九五·六·十八，聯副，第三十七版）。王德威所說的，正是指莫言試圖以高密東北鄉這一地理名詞的虛／實存在瓦解中共的「大敘述」，呈現出話語背後的意識型態，這就是莫言在《食草家族·跋》所說的：「本書除了是一部家族的歷史外，也是一個作家的精神歷史的一個階段」（一九九三 f，頁三九三）。

　　《食草家族》退化的最具體表現，是在近親交配而使手足上粘連鴨蹼的孩子不斷出生。族裡為了家族的昌興而制定了嚴禁通婚的規定（正如敘述者所說的，這項措施對家族的繁衍無疑具有革命性的意義），但是這些規定具體實施於正處於熱戀中的男女，便顯得慘無人道。例如一對手足生蹼的男女活活被燒死的傳奇不斷在族裡流傳，這個宿命的傳說預言了食草家族往後數百年的歷史中，家族亂倫的醜聞將層出不窮。不過，導致家族的衰亡並不止於此：

> 不容諱言，我們吃草家族的歷史上，籠罩著一層瘋瘋顛顛
> 的氣氛；吃草家族的絕大多數成員，都具有一種騎士般的
> 瘋顛氣質。追憶吃草家族的歷史，總是使人不愉快；描繪

　　祖先們的瘋傻形狀，總是讓人難爲情。（頁一一六）

這種吞吞吐吐「爲祖先諱」的語氣，和《紅高粱家族》的敍述者景仰祖先、歌頌其革命的高亢語調何啻天壤之別？退化的恐懼一直威脅著敍述者，然而他最終也逃不過長蹼的惡運。在一場展開闊割手腳長蹼成員的「革命」中，敍述者悲哀的發現自己終於落入歷史退化的命運。

　　《食草家族》所演繹的是「人與獸之間藕絲相連」這個主題（頁二五五）。儘管莫言強調這本書是「瘋狂與理智掙扎的紀錄」（頁三九三），但是在這部瘋狂的退化史中，我們仍然能夠找到與當代社會的「瘋狂歷史」相關的蛛絲馬跡：

> 我抬起臉，驚喜地看到，端坐在大廳正中央太師椅上的，竟是在夢中見過千百遍的、像太陽一樣照耀著食草家族歷史的皮團長。（頁二三四）

> 我跪在地上，搗蒜般磕著頭，說：「皮團長，您高抬貴手，饒了我吧。我早就施行了結紮術，決不會製造退化的後代啦！」。（頁二三五）

從莫言對皮團長所用的「毛語言」式的形容詞，如「像太陽一樣照著食草家族歷史」，再與下半的話語情境相聯繫，則食草家族的退化是對當代大陸施行一胎化政策的惡果的預言，正如在〈棄嬰〉所形容的：

> 我以前總認爲我的故鄉是個人傑地靈的地方，幾天的奔波完全改變了我的印象。我見到了那麼多醜陋的男孩，他們都大睜著死魚樣的眼睛盯著我看，他們額頭上都佈滿深刻的皺紋，滿臉的苦中仇深的貧僱農表情。他們全都行動遲緩，腰背傴僂，像老頭一樣咳嗽著。我更加深刻地體會了人種的退化。這些嚴酷地說全該淘汰的人種都像無價珍寶

一樣儲存在村子裡。我爲故鄉的未來深深擔憂，我不敢設
想這批未老先衰的人種會繁殖出甚麼樣的後代。

（一九九三 c，頁五三）

〈棄嬰〉所觸及的現實層面，正是上引《食草家族》所要批判的、由當代一胎化政策所引伸的複雜問題。莫言在序裡說得很明白：

〈棄嬰〉觸及到了一個最敏感、最醜惡的問題：計劃生育和拋棄女嬰。這篇小說用「報導文學」筆法寫成，展示了他對人的失望（自序，頁一）。

退化的歷史曾在莫言的多篇中短篇小說中出現，這顯然觸及了大陸最迫切的問題：生育、傳宗接代和一胎化政策之間的微妙關係。在一胎化政策下，中國人唯男性唯能傳宗接代的男性中心觀點受到了空前的挑戰。以農業立國的中國歷史，向來提倡的是人丁興旺的多子多孫多生育的思想。費孝通指出，中國鄉土社會中的基本社群就是普通被稱爲「大家庭」的組織，他稱之爲「擴大了的家庭」（expanded family），這是農業社會最主要的特徵。「大家庭」的主體是「家庭」，這個概念在人類學上有明確的界說：這是個親子所構成的生育社群。親子指它的結構，生育指它的功能（一九九一，頁四二）。既然生育是鄉土中國基本結構中的重要一環，那麼一胎化政策顯然與民情相背，何況以男性爲中心的中國社會深信傳宗接代的非男性不可，更使一胎化政策衍生了許多的社會問題。莫言因此把生育的問題歷史化（這個政策所產生的複雜問題觸及了當代執政者和百姓的禁忌），也同時質疑傳統的男性中心思想。莫言在以魔幻寫實的手法廣受注意之餘，執意折回現實的泥沼，其和當代對話的目的在於指出政策和人性相違，具顯生育和政治衝突這一具有「當代性」意義的課題。劉紹銘曾指出，莫言繼承的仍是五四的感時憂國傳統，只是在語言、

取材、想像、技巧均與二十年代的作家大異其趣（一九九三・九・
二十六，時代文學周刊，第十版與第十五版）。

　　〈棄嬰〉雖然沒有《紅高粱家族》、《酒國》和《食草家族》
的魔幻色彩，但是主題仍然不離「種的退化」（一九九三 f，頁五
三）。對領了獨生子女證的幹部而言，即使是「親生」的第二個
孩子也是燙手山芋，更何況是撿來的棄嬰，是「女孩、女孩，到
處都是不受歡迎的女孩」（頁四○）。敘述者不但懷疑自己不合
時宜的同情心和愛心，連帶的對人性也起了疑惑：

> 被拋棄在美麗葵花地裡的女嬰，竟是一個集中著許多矛盾
> 的扔了不對，不扔也不對的怪物。人類進化至如今，離開
> 獸的世界只有一張白紙那麼薄；人性，其實也像一張白紙
> 那麼單薄脆弱，稍稍一捅就破了。（頁三五）

敘述者所思考的「形而上」哲學問題，對於執政者畢竟顯得太抽
象；他們關心的毋寧是政策貫徹的現實層面，如何以實際的行動
減少人口問題。在這方面，實行獨生子女政策顯然並不奏效，就
像鄉里領導所說的：

> 獨生？二生、三生、四生、五生都有了！十一億人口？太
> 謙虛啦，只怕十二億也有了！哪個鄉裡也有三百二百的沒
> 有戶口的黑孩！反正肉爛在鍋裡，跑不出中國去！（頁四八）

領導所說的正是魯迅所言的中國人的劣根性：即使無名腫毒，倘
若生在中國人身上，也便「紅腫之處，艷若桃花；潰爛之時，美
如乳酪」，國粹所在，妙不可言（轉引自劉紹銘，一九九三・九・二
十六，時代文學周刊，第十版與第十五版）。事實上，這個問題卻是
迫切的危機，獨生子女政策所用的手段，無論是罰款或結紮，所
引發的是更深層的人性問題：

> 「生一胎罰款兩千，生三胎罰款四千，生四胎罰款八千！

可這不管用啊！有錢的不怕罰，沒有錢的更不怕罰。你是
東村的吧？認識吳二牙？他生了四胎了，沒有地，有三間
破屋，屋裡有一口鍋，一個甕，一條二條腿的桌子，你罰
吧！他說，『我沒錢，用孩子抵債吧，要一個給一個，要
兩給兩，反正是女孩。』你說怎麼辦？」（頁四九）

「強行結紮……不是有過這種事嗎？」

「有啊，這幾天正搞得火熱呢！可他們比狗鼻子還靈，一
有風聲就跑，跑到東北去躲一年，開春回來，又抱回一個
孩子！我手裡要有一個加強連才行，他媽的？這等雞巴事，
不是人幹的！我晚上都不敢走夜路，走夜路要挨石頭！」
（頁四九）

生育的問題最後變相的演變成「只要男孩不要女孩」、重男輕女
的封建觀念，可悲的是從這個觀念出發， 連親生父母都履踐了
「人性脫弱得連薄紙都不如」（頁五八）的冷漠和無情。一胎化
政策最終變成給領導所說的「養不著男孩死不罷休」（頁四八），
全是男孩的結果是卻導致更無奈的後果——女人太少，男人到老
都巴望不到老婆，這一嚴重的扭曲恐怕是決策者始料未及的。

在〈地道〉這一短篇小說裡，莫言進一步戲謔「養不著男孩
死不休」的主題。爲了躲避強行結紮的幹部，方山竟然挖了地道
讓懷第四胎的老婆順利生產。儘管結果如償所願生了男孩，但是
其過程可謂可悲復可笑，方山曾經私下把老婆的子宮環用鐵鉤取
出來；決策者以拖拉機搗毀民房、帶走三個哭號的女兒，他竟然
「心裡感到很輕鬆」（一九九三d，頁一〇九）。最致命的是生出
來的兒子，竟和他一個模樣——生著尖嘴大耳，和耗子一樣的畏
縮。這也是〈棄嬰〉所說的這一個退化的人種又將是「一個醜陋
的男孩」。

〈爆炸〉的話題同樣離不開「種的退化」。小說中不斷穿插人和狐狸的追逐場面，一群人竟然被一隻機智的狐狸弄得人仰車翻，最後連人帶摩托車翻下溝裡。敘述者所要傳達的訊息和〈棄嬰〉庶幾相同：動物一點也不比人類卑賤，人類一點也不比動物高尚。相反的，狐狸昂揚的生命力和聰明已經超越退化的人種。小說所出現的主角，從父母親到妻子，無一不是被生活耗盡了生命力，剩下的是畏縮和卑微，敘述者強迫妻子墮胎的原因固然是因為她已經生了一個女兒，但是對人種退化的深刻恐懼和厭惡，應該才是最主要的原因。農村的凋零和生活的艱辛，以及勞力和收成不成對比的勞作，使得農民的人性已經漸漸消磨，只剩下滿臉苦大深仇的貧雇農表情。這又是對中共歌頌農民（尤其是貧下中農）的反諷，歌頌農民無異等同於歌頌退化，與其所信奉的馬克思進化的意識型態矛盾於此可見。小說中的敘述者曾表白：

> 你以為我不想生個兒子嗎？可我已經生了一個女兒，已經領了獨生子女證。我是國家的幹部，能不帶頭響應國家的號召嗎？（一九九二 b，頁二二九）

從敘述者的自白話語我們可以讀出至少兩個訊息：一胎化政策所引發的對立，是傳統和當代政治兩股意識型態的對立和爭奪；唯男性始能傳宗接代的大傳統則與政策相扞格；其二是國家幹部的「階級」高於農民，所以必須帶頭響應國家的政策，這一「階級思想」不但揶諭了無產階級的「理想」，也宣佈意識型態箝制的失敗，知識份子的優越感依然頑固存在。

〈老槍〉則是以三代的對比傳達退化的歷史觀。槍是家族的象徵，槍老了，也就表示這個家族也退化了。這支槍在奶奶的那輩手裡，常在半夜吱吱叫，是奶奶用以和大自然博鬥的工具，它和奶奶龐沛的生命力相互映輝。到了第二代，爸爸卻用這支槍來

了結自己的生命。第三代時，這支槍已生鏽，十幾次擊發都打不響。槍老同時也暗示使用它的家族也老了，因此大鎖落得卑微的以槍打野鴨子裹腹，卻因為槍走火而莫名其妙喪命。

〈球狀閃電〉裡蝈蝈的父母只會在貧困的農村抱殘守缺，荒廢了一大片的草地，但是當蝈蝈要和毛艷養奶牛發展畜牧業，他們卻橫加阻攔。這樣落後愚昧的農民多次在莫言的小說出現，莫言認為農民儘管有其十分可貴的精神，但是也有十分落後的一面：

> 我不但出身農民家庭，還在農村呆了二十年，說我有農民意識，這個我不敢完全也不願完全否認。農民意識中那些正面的，比較可貴的一面，現在變成了我們作家起碼變成了我個人賴以生存的重要的精神支柱。這種東西我在《紅高粱》裡面得到比較充分的發揮。說實話，我所讚美的這種農民意識，也是不完全的農民意識。話先放下，再說說我對農民意識裡落後愚昧的批判，我覺得我對農民意識的批判是比較深刻的，那些出身工人家庭的或知青出身的作家對農民意識的批判，對魯迅開創的「五四」以來對中國國民性落後的批判未必比我們農民出身的作家深刻。

（一九八九 d，頁一四八）

莫言認為在《紅高粱》曾發揮了農民意識中較正面的部分，那就是對封建倫理的顛覆和不屈的生命力。但是他對於農民意識中愚昧的批判亦不遺餘力，「種的退化」就是其中最重要的主題之一。張志忠也認為種的退化最深刻的內涵，應該到歷史的深處去找。幾千年來，農民一直是中國社會的支柱，農民在意識型態的領域也產生著不可估量的影響（一九九〇，頁一二二）。莫言批判種的退化，祭出退化的歷史觀，其實他也同時在反書寫中共的大歷史。莫言書寫歷史時並不依榜歷史家的考證，而是直接以自己的歷史

觀對「歷史」本身進行顛覆和解構。歷史並非直線進化，人類的歷史時間也沒有從低級走向高級，黑暗走向光明，更沒有從殘缺走向完美。莫言退化的歷史觀所揭示的意義，在指出文明在進化的同時，同時也消滅了人類的生命力。在他抽述農民同樣的處於落後和愚昧的境地時，莫言也反諷了中共所期盼的以工農兵為主的美好社會主義大藍圖。

　　本章論述莫言以性和血所重構的主體性歷史，並以退化的歷史觀顛覆四十年來主宰各領域的馬克思進化史觀。歷史並不是一種絕對、神聖、一元化的、只有單一面貌的「大敘述」。莫言不但以高密東北鄉這一局部化／空間化的場域作為家族生命史的書寫起點，更觸及傳統裡腐敗退化的一面，同時也批判了農民的落後愚昧。中共的一胎化政策又是助長退化的力量，它重新引發對於人性和人道在文明之下的定義。莫言筆下的「小我」以其卑微的生命形式重新書寫歷史的面貌，他們的歷史絕非獨白時期服膺於官方意識型態之下、書寫階級鬥爭、歌頌無產階級革命的「革命歷史」或「革命小說」。莫言的邊緣化聲音因此是和中心意識型態相頡頏的異質性聲音。

【註釋】

❶「三突出創作原則」是指四人幫反動文藝理論體系的重要組成部分，是他們從「根本任務論」出發制定的文藝創作模式，即「在所有的人物中要突出正面人物，在正面人物中要突出英雄人物，在英雄人物中要突出主要英雄人物」，是四人幫篡奪文藝領導權，壓制異質性聲音的理論(武漢大學中文系當代文學教研室主編，一九八八，頁五五三)。

❷《食草家族》具有強烈的魔幻寫實色彩，種的退化這一主題和馬奎斯的《百年孤寂》的邦迪亞家族的敘述手法神似。《百年孤寂》一開始

就有一吉普賽人麥魁迪預言：邦迪亞家族最後一個由於近親結婚的後代，將會被螞蟻吃掉。因此易家蘭不斷告誡後代不得近親通婚。《食草家族》曾特別開會制定以下三條決議：凡有生蹼者出生，一律就地閹割；男女有奸情者，一律處以火刑；若干年後，紅頭髮的洋人必到高密東北鄉築路，到時，所有的族人必須與他們經年血戰，凡有貪生怕死者、通敵叛變者，一律斬首。在第三條決議中，食草家族的祖先多少意識到文明的入侵將破壞他們的土地，導致可怕的退化，這和《百年孤寂》的鐵路築成，火車出現，洋人的香蕉公司破壞了馬康多鎮的原始生態十分相似，馬奎斯這麼形容：「這列黃色的火車本身是無辜的，它將帶給馬康多許多不明確的正反兩面都有的價值以及肯定的價值，也帶來許多愉快和不愉快的時光，亦帶來許多改變和災難以及舊日情懷」（頁二二四～二二七）。

❸莫言後來曾在〈〈奇死〉後的信筆涂鴉〉一文表示，「種的退化」也許改成「種的異化」更貼切些，不過他並沒有作近進一步的說明（一九九二 f，頁四一〇）。

❹楊小濱在〈《酒國：盛大的衰頹》〉一文指出，《酒國》的美食主題應當放在中國當代和歷代的文學傳統中去考察。當代作家中，他比較了阿城的〈棋王〉、劉恆〈狗日的糧食〉和陸文夫的〈美食家〉對美食的不同態度；至於歷代的文學作品，則上溯《西遊記》和《紅樓夢》以及〈狂人日記〉，請參閱楊文，一七五～一八六。

❺莫言在一次訪談中承認在農村生活了廿年，對於那塊土地有一種十分複雜、愛恨交織的感情，但是儘管他非常恨它，在潛意識裡仍然對它有一種眷戀。尤其是一離開農村進入都市，將都市與農村進行比較，這種眷戀就特別強烈（一九九二 d，頁四〇〇）。

第七章　結　　論

　　莫言曾在〈〈奇死〉後的信筆塗鴉〉一文表示，高密東北鄉是個很有特色的地方，那裡的歷史充滿尖銳深刻的矛盾（一九九二 f，頁四一〇）。不過，他也承認，他小說裡的高密東北鄉並不是地理上真實的原鄉，小說中的世界是他創造出來的，他僅僅是「借助了高密東北鄉這個名稱」（一九九二 d，頁四〇二）作為小說創作的起點，以此「重構」一想像的「歷史」。莫言認為大陸自共產黨建國以來，神化毛澤東的「造神運動」扭曲了價值觀和歷史觀，因此，他迫切「重新評價所有的道德觀」（一九八九 d，頁一四九）。

　　莫言的創作觀和歷史觀，正是本文探討其小說的依據。他的小說所重構的「歷史」，本文曾經指出，指的是作者以主體性敘述來建構山東高密東北鄉的虛實相生的神話。其次，這「歷史」是「小我」的個體敘述，迥異於以馬克思的意識型態來書寫的直線進化歷史。莫言的紙上原鄉是敘述的產物，是歷史想像的結晶，其所重構的「歷史」便成為與中共「大敘述」或「大歷史」相抗衡的異質性聲音。

　　從整個文學大環境來看，莫言的堀起正值文學歷經傷痕、反思和改革文學，所謂的「政治反思思潮」之後，這時期的文學儘管已經意識到「人」是獨立的個體，而非革命的工具，應重新思考「人」的尊嚴和價值，然而並沒有真正超越共產黨的思維模式

和意識型態，文學依然附屬在政治之下，一直要到尋根思潮的出現，對於文學主體性才有更明確的認識。「尋根派」作家指出，文學的根應該深植於民族文化的土壤裡，而不是栽在政治那一層表面的浮土裡。這時候隨著大陸從文革的封閉文化走出來，進入改革與開放的時代，西方現代主義思潮也引進了大陸文壇。尋根思潮和現代主義思潮都是促使文學掙脫政治束縛的力量，從這角度來觀察，莫言的小說正體現了這時期的文化特質，以及整個社會的脈動。

　　莫言所運用的敘述手法可謂五花八門，魔幻寫實、意識流、民俗說唱或新聞報導皆兼而有之，可謂眾聲齊唱，正足以打破革命文學囿於寫實主義手法的框限。形式的革新反映了社會文化型態的改變，從作品形式的改變，我們可以釐出這樣的文化意義，那就是中心意識的解體，各種不同的價值觀相互交流，對話場域的開放，文學／文化從巴赫汀所謂的「獨白」進入「複調」的眾聲喧嘩轉型時期。莫言對文體所進行的大膽探索，可以視為對革命文學「主題先行」──文學強調和突出思想內容，形式應內容而生──論調的質疑。其次，莫言怪誕、誇張和狂放的語言，戲擬政治和社會話語的狂歡化風格，充分顯示出其語言對「毛文體」的顛覆性，其小說的眾聲喧嘩因此是當代社會眾聲喧嘩的再現。

　　大陸過去四十年來的文學都籠罩在「社會主義現實主義」的意識型態之下，人的肉體和慾望都是禁忌，不是被革命的理想賦予神聖的意義，就是被禁上書寫；莫言的小說卻賦予這兩者驅動革命和改變歷史的力量。他對肉體和慾望的描寫是寓言性的，用以表現作者對當代社會和傳統的批判，以及打破獨白時期的禁忌；他同時又視二者為原始生命力的象徵。肉體並不罪惡或下賤，相反的，這是個體生命自主意識的表現，它蘊含了「肥沃、成長、

「豐盈茂盛」的能量，是不斷成長和再生的活力所在。相較於左翼
作家把肉體和慾望作昇華的處理，使之成為崇高的美學範疇，莫
言卻把二者作卑賤化的降位，讓它們回歸美的本源，擺脫了其在
傳統道德裡罪惡淵藪的形象，以及政治文學的附庸地位。

　　莫言的小說風格詭譎多變，題材突兀駭人，可以巴赫汀的
「怪誕」美學來概括他的特色。相對於毛文體的「高大全」要求，
怪誕駭俗自有其「當代性」的歷史意義。這一美學原則不但是對
獨白時期公式化小說人物模式的顛覆，同時推陳出新的書寫可以
變成一種意識型態的障眼法：以文字和形式的變化，摧毀現實主
義的敘述公式。莫言所建構的高密東北鄉，層出不窮的穢人穢語
和匪夷所思的怪誕情節，比諸大陸四十年來的「怪」現狀，只怕
一點也不誇張，因此以「怪誕寫實」或「魔幻寫實」來論述莫言
的小說，在這個意義上可謂恰如其分。作者的「粗言俗語」再現
的是眾聲喧嘩的語言雜糅而多元，其「卑賤化的物質原則」是對
崇高、優雅、精緻審美觀的顛覆。怪誕的形象不僅反諷當代社會
的怪誕現象，同時也批判中國歷史腐朽和病態的一面。

　　巴赫汀認為語言是意識型態的載體，語言的物質現實性和社
會屬性背後，是各種意識型態的互相質詢和交流。莫言狂歡化的
文字充滿中心話語和非權威話語、傳統和現代、雅與俗、善與惡、
美與醜、好與壞等等不同價值體系的對話。他在多篇小說裡反駁
中共的一胎化政策；以反傳統的聲音和傳統的霸權爭辯；個體的
自主意識反搏倫理規範的束縛。其誇張、變形、卑賤化的語言戲
擬了革命現實主義和浪漫現實主義的高亢語調和語言。

　　莫言以怪誕現實主義式的誇張語言，透過歷史的距離來回溯
戰爭、革命、暴力中的生命力，以「小我」的主體性建構了性和
血的野史，這主體性的聲音創造了一系列縱橫虛／實、真／假的

人物列傳和事件傳奇。他以退化的歷史觀所書寫的主體性歷史，所質疑和挑戰的，是中共過去四十年來以馬克思主義史觀所寫就的、所謂人類社會總是隨著時間的推移從低級走向高級、從黑暗走向光明、從殘缺走向完美的一以貫之的進化歷史。「歷史」長久以來被中共政權神化爲社會主義運動中的見證，莫言則企圖以小說取代歷史敘述的合法性，把歷史還原成一種以性和血的原始動力所建構的主體性力量；退化的歷史觀則批判了農村／農民的落後和封建，顛覆中共所描繪的工農兵爲上的美好社會主義大藍圖。其次，莫言對歷史的論述同時觸及中國傳統的腐敗面。他以空間意象來托喻歷史感觸的書寫方式，亦可見得莫言的當代史觀已經化爲慾望橫流、從文明走向衰頹的退化歷史了。相較於獨白時期服膺於官方意識型態之下、千篇一律書寫革命的「革命歷史」或「革命小說」，莫言的邊緣化聲音因此更突出其主體性思考的特色。

本文集中探討莫言重構「歷史」的一面，因此對於莫言小說可能呈現的其他面向／主題無法全盤論述，例如女性在其小說中既是左右歷史前進的力量，是與男性相抗衡的陰性力量，同時又是男性敘事神話下的傀儡，莫言對於女性族群的論述，是十分值得探索的角度。此外，莫言曾被當代文學史納入「鄉土作家」或「先鋒派作家」，我們亦可試圖從這兩大創作群所呈現的特色來爲莫言定位，比較其與「鄉土作家」或「先鋒派作家」的相同與相異之處，相信亦可看出莫言與當代創作者的不同之處。不過，本文所選擇的論述角度是莫言小說如何重構小我的歷史，因此因此無法兼顧，只有留待他日再撰文探究。

參 考 書 目

（甲）中文參引書目

丁柏銓主編·一九九一·《中國新時期文學詞典》·南京：南京大學。

大衛·麥克里蘭著，施忠連譯·一九九一·《意識形態》·台北：桂冠。

王淑秧·一九九二·《海峽兩岸小說論評》·北京：中國人民大學。

王德威·一九八八·《眾聲喧嘩》·台北：遠流。

王德威·一九九三·《小說中國》·台北：麥田。

王曉明·一九九一·《潛流與漩渦──論二十世紀中國小說家的創作心
　　　理障礙》·北京：中國社會科學。

白樺·一九九四·《文學新潮與文學新人》·陝西·陝西人民。

朱耀偉編譯·一九九二·《當代西方文學批評理論》·台北：駱駝。

沃爾夫岡·凱澤爾著，曾忠祿、鍾翔荔譯·一九九一·《美人和野獸─
　　　─文學藝術中的怪誕》·台北：久大。

吳爾芙著，瞿世鏡譯·《論小說與小說家》·一九九○·台北：聯經。

佛克馬、伯頓斯編，王寧譯·一九九二·《走向後現代主義》·北京：
　　　北京大學。

余江濤等編譯·一九八九·《西方文學術語辭典》·鄭州：黃河文藝。

杜布來西斯著，老高放譯·一九八八·《超現實主義》·香港：三聯。

武漢大學中文系當代文學研究室主編·一九八八·《中國當代文學手冊》
　　　·湖北：湖北教育。

邵伯周·一九九三·《人道主義與中國現代文學》·上海：上海遠東。

周玉山·一九九○·《大陸文藝論衡》·台北：三民。

周英雄・一九八九 a・《小說・歷史・心理・人物》・台北：三民。

———・一九九四 b・《文學與閱讀之間》・台北：允晨

金漢・一九九〇・《中國當代小說史》・杭州：杭州大學。

金漢、馮雲青、李新宇主編・一九九四・《新編中國當代文學發展史》
　　　・杭州：杭州大學。

施叔青・一九八九・《對談錄——面對當代大陸文學心靈》・台北：時
　　　報。

柯林烏著，陳明福譯・一九九四・《歷史的理念》・台北：桂冠。

柳鳴九主編・一九八八・《自然主義》・北京：中國社會科學。

柳鳴九主編・一九九二・《二十世紀現實主義》・北京：中國社會科學。

柳鳴九主編・一九九〇・《未來主義、超現實主義、魔幻寫實主義》・
　　　台北：淑馨。

段國明・一九九〇・《小說藝術的現在與未來》・上海：上海文藝。

唐小兵編・一九九三・《再解讀大眾文藝與意識型態》・香港：牛津大
　　　學。

唐翼明・一九九五・《大陸新時期文學（1977-1989）：理論與批評》・
　　　台北：三民。

秦川・一九八八・《現代文學散論》・重慶：重慶。

耿占春・一九九三・《隱喻》・北京：東方。

馬奎斯著，楊耐冬譯・一九九二・《百年孤寂》・台北：志文。

馬新國主編・一九九四・《西方文論史》・北京：高等教育。

夏之放・一九九三・《文學意象論》・汕頭：汕頭大學。

恩斯特・卡西勒著，甘陽譯・一九九四・《人論》・台北：桂冠。

徐岱・一九九二 a・《小說敘事學》・北京：中國社會科學。

———・一九九二 b・《小說形態學》・杭州：杭州大學。

徐國倫，王春榮主編・一九九三・《二十世紀兩岸文學史・續編》・遼

　　寧：遼寧大學。

莫言·一九八六 a·《透明的紅蘿蔔》·北京：作家。

——·一九八九 a·《天堂蒜苔之歌》·台北：洪範。

——·一九八九 b·《歡樂十三章》·北京：作家。

——·一九八九 c·《紅高粱家族》·台北：洪範。

——·一九九○·《十三步》·台北：洪範。

——·一九九一·《白棉花》·北京：華藝。

——·一九九二 a·《酒國》·台北：洪範。

——·一九九二 b·《透明的紅蘿蔔》·台北：新地。

——·一九九三 a·《懷抱鮮花的女人》·北京：中國社會科學。

——·一九九三 b·《憤怒的蒜苔》·北京：北京師範大學。

——·一九九三 c·《懷抱鮮花的女人》·台北：洪範。

——·一九九三 d·《神聊》·北京：北京師範大學。

——·一九九三 f·《食草家族》·北京：華藝。

——·一九九四 b·《夢境與雜種》·台北：洪範。

——·一九九四 b·《夢境與雜種》·台北：洪範。

——·一九九六·《豐乳肥臀》·北京：作家。

張子樟·一九九一·《走出傷痕——大陸新時期小說探論》·台北：三
　　民。

張志忠·一九九○·《莫言論》·北京：中國社會科學。

張志忠主編·一九九四·《中國當代文學藝術主潮》·北京：中國社會
　　科學。

張放·一九九二·《大陸新時期小說論》·台北：三民。

張芬、高長春、羅鳳亭主編·一九九○·《中國現代文學辭典》·吉林：
　　吉林教育。

張素貞·一九九三·《續讀現代小說》·台北：三民。

張寶琴・邵玉銘・瘂弦合編・一九九五・《四十年來中國文學》・台北：
　　　聯合文學。

張鐘、洪子誠等合著・一九八六・《當代文學概觀》・北京：北京大學。

麥克列林著，張京媛等譯・一九九四・《文學批評術語》・香港：牛津
　　　大學。

格奧爾特・盧卡契等著，張黎編選・一九九二・《表現主義論爭》・上
　　　海：華東師院。

陳平原・一九九三・《小說史：理論與實踐》・北京：北京大學。

陳平原・一九九○・《中國小說敘事模式的轉變》・台北：久大。

陳光孚・一九八七・《魔幻寫實主義》・廣州：花城。

陳思和・一九九○・《中國當代文學整體觀》・台北：業強。

─── ・一九九一・《筆走龍蛇》・台北：業強。

陳信元・一九八九・《從台灣看大陸當代文學》・台北：業強。

陳順馨・一九九五・《中國當代文學的敘事與性別》・北京：北京大學。

陳晉・一九八八・《當代中國的現代主義》・北京：中國文聯。

崔西璐・一九九○・《中國當代文學研究概論》・天津：天津教育。

溫儒敏・一九八八・《新文學現實主義的流變》・北京：北京大學。

溫儒敏・一九九三・《中國現代文學批評史》・北京：北京大學。

雅克布・布克哈特著，施忠連譯・一九九三・《歷史的反思》・台北：
　　　桂冠。

黃修己・一九九五・《中國新文學史編纂史》・北京：北京大學。

黃修己・一九九四・《中國現代文學研究方法論集》・北京：首都師範。

賀立華、楊守森合編・一九九二・《莫言研究資料》・山東：山東大學。

賀立華、楊守森等著・一九九二・《怪才莫言》・河北：花山文藝。

費孝通・一九九一・《鄉土中國》・香港：三聯。

楊恆達編譯・一九八八・《小說理論》・台北：五南。

葉穉英·一九九〇·《大陸當代文學掃描》·台北:三民。

廖炳惠·一九九三·《形式與意識型態》·台北:聯經。

廖瑞銘主編·一九八七·《大不列顛百科全書》·台北:丹青圖書。

趙福生、杜運通合著·一九九二·《從新潮到奔流》·河南:河南大學。

趙毅衡·一九九五·《必要的孤獨——文學的形式文化學研究》·香港:
　　　天地圖書。

趙學勇等著·一九九三·《新文學與鄉土中國》·蘭州:蘭州大學。

劉克寬·一九九五·《新方法——新時期小說批評探險》·天津:百花
　　　文藝。

劉再復·一九九五·《放逐諸神——文論提綱和文學史重評》·台北:
　　　風雲時代。

劉康·一九九五·《對話的喧聲——巴赫汀文化理論述評》·台北:麥
　　　田。

劉增傑·一九九二·《戰火中的繆斯》·河南:河南大學。

德雷福斯·拉比諾著,錢俊譯·一九九二·《超越結構主義與詮釋學》·
　　　台北:桂冠。

龍協濤·一九九三·《文學的解讀與美的再創造》·台北:時報。

詹明信著,唐小兵譯·一九九〇·《後現代主義與文化理論》·台北:
　　　合志文化。

盧卡奇著,陳文昌譯·一九八八·《現實主義論》·台北:雅典。

關愛和·一九九二·《悲壯的沉落》·河南:河南大學。

羅曼·英加登著,陳燕谷譯·《對文學藝術作品的認識》·一九九一·
　　　台北:商鼎。

羅曼·英加登著,吳新發譯·《文學理論導讀》·一九九三·台北:書
　　　林。

羅綱·一九九四·《敘事學導論》·雲南:雲南人民。

羅蘭・巴特著，李幼蒸譯・一九九一・《寫作的零度》・台北：久大。

蘇珊・郎格著，劉大基譯・一九九一・《情感與形式》・台北：商鼎。

（乙）中文期刊論文參引篇目

丁帆・一九九四・三・〈鄉土小說的多元與無序格局〉《文學評論》・
　　　頁八一～八七，六一。

文孟君・一九九三・〈莫言小說色彩詞的運用〉《語文月刊》第二期・
　　　頁三一～三四。

方克強・一九九一・五・〈黑孩與撈渣：柔性原始的象徵〉《上海文學》
　　　・頁一二二～一二六。

───・一九九二・四・〈新時期文學人類學批評述評〉《文藝理論》
　　　・頁一六八～一七七。

方向眞・一九九二・〈閱讀的困惑──八十年代新潮小說文體變異評析〉
　　　《中州學刊》第二期・頁九五～九四。

王干・一九八八・八・〈論超越意識與新時期小說的發展意識〉《中國
　　　現代、當代文學研究》・頁九六～一〇二。

王安琪・一九九〇・七・〈巴赫汀與傅來：論曼氏諷刺〉《中外文學》
　　　第十九卷第二期・頁一〇七～一二六。

王宏圖整理・一九八八・一・〈莫言：沸騰的感覺世界的爆炸──復旦
　　　大學學生「新時期文學」討論實錄之五〉《中國現代、當代文
　　　學研究》・頁一八九～一九二。

王寧・一九九一・〈現代主義和後現代主義及其在二十世紀中國文學中
　　　的命運〉收入《慾望與幻象》・樂黛雲等著・江西：江西人民
　　　・頁四二五～四五五。

王儀君・一九九二・三・〈巴赫汀、柴普曼、《寡婦之淚》〉《中外文
　　　學》第十二卷第十期・頁一四六～一五七。

王德威·一九九五·六·一八，一九·〈千言萬語，何若莫言——談莫言的小說〉《聯合報》第三十七版。

田中陽·一九九二·一·〈當代大陸、台灣現代主義思潮比較論〉《中國現代、當代文學研究》·頁二二六～二三一。

朱向前·一九八六a·〈「莫言」莫可言〉《崑崙》第六期·頁二五五～二五六，二四九。

———·一九八六b·八·〈莫言小說「寫意」散論〉《中國現代、當代文學研究》·頁二〇一～二〇九。

冷夢·一九九一·五·〈略論荒誕〉《文藝理論》·頁三七～四一。

辛班英·一九八九·一·〈當今小說的敘述風度〉《中國現代、當代文學研究》·頁六九～七四。

李其綱·一九八七·六·〈小說的陌生化形態〉《中國現代、當代文學研究》·頁六五～七四。

李詠吟·一九九五·〈莫言與賈平凹的原始故鄉〉《小說評論》第三期·頁三三～三九。

李惠彬·一九九二·三·〈現代主義、獨語與中國現代小說的藝術生成〉《齊魯學刊》·頁一三～二〇。

李裴·一九八八·八·〈荒誕意味在新時期小說中的滲透與深化〉《中國現代、當代文學研究》·頁八一～八六。

李潔非、張陵·一九八六a·七·〈莫言的意義〉《中國現代、當代文學研究》·頁一五一～一五五。

—————·一九八六b·十二·〈小說敘事觀念的調整——讀《紅高梁》、《靈旗》、《黑太陽》所想〉《中國現代、當代文學研究》·頁一六二～一六五。

吳非·一九九四·〈莫言小說與「印象派之後」的色彩美學〉《小說評論》第五期·頁四七～五二。

孟繁華·一九八八·〈魔幻寫實主義在中國〉收入《魔幻寫實主義小說》·吳亮、章平、宗仁發編·吉林：時代文藝。

周來祥·一九九四·七·〈崇高、醜、荒誕——西方近、現代美學和藝術發展的三部曲〉《美學》·頁一三～二三。

周英雄·一九八九 b·〈紅高粱家族演義〉收入《紅高粱家族》·莫言著·台北：洪範·頁四九九～五二○。

————·一九九○·〈《天堂蒜苔之歌》的三層敘述〉收入《中國現代文學新貌》·陳炳良編·台北：學生·頁二五一～二六二。

————·一九九二·〈酒國的虛實——試看莫言敘述的策略〉收入《酒國》·莫言著·台北：洪範·頁一～一○。

————·一九九四 b·〈中國現當代自我意識初探〉收入《中國現當代文學探研》·陳炳良編·台北：書林·頁一六～二五。

周啓超·一九九四·〈新時期「意識流文學」研究概觀〉《中國社會科學院研究生院學報》第六期·頁三三～三八。

季紅眞·一九八八 a·一·〈憂鬱的土地，不屈的精魂——莫言散論之一〉《中國現代、當代文學研究》·頁一四九～一五八。

————·一九八八 b·四·〈神話世界的人類學空間——釋莫言小說的語義層次〉《中國現代、當代文學研究》·頁一三五～一四三。

金漢·一九八七·一·〈評近年小說新潮中的莫言——兼論當今「新潮小說」的某種趨勢走向〉《中國現代、當代文學研究》·頁五九～六五。

洪治綱·一九九一·五·〈歷史的認同與超越——新時期作家主體動向〉《當代作家評論》·頁七四～八二。

————·一九九二·〈英雄的光芒——新時期小說英雄母題的流變傾向及其意義〉《小說評論》第二期·頁四～八。

姜大立·一九八九·四·〈走進高粱地—莫言小說研討會述介〉《中國

　　現代、當代文學研究》·頁一三九～一四〇。

馬耀民·一九九〇·七·〈「眾聲喧嘩」與正文的口述性〉《中外文學》
　　第十九卷第五·頁一七三～一八四。

夏忠憲·一九九四·〈巴赫金狂歡化詩學理論〉《北京師範大學學報·
　　社會科學版》第五期·頁七四～八二。

孫先科·一九九四·〈話語轉換與話語滲透─近期小說創作形勢分析〉
　　《文藝理論研究》第三期·頁二〇～二七。

徐劍藝·一九九〇·六·〈新時期中國小說中的神話模式〉《浙江學刊》
　　·頁一三〇～一三三。

段國明·一九九四·〈再論中國新文學中的「現實主義情結」〉《文藝
　　理論研究》第六期·頁五六～六六。

梁秉鈞·一九九四·〈中國新時期文學中的現代主義〉收入《中國現代、
　　當代文學探研》·陳炳良編·台北：書林·頁七一～八五。

梁麗芳·一九九三·〈莫言：「紅高梁」家族的傳人〉收入《從紅衛兵
　　到作家──覺醒一代的聲音》·台北：萬象圖書·頁三一一～
　　三二四。

郭熙志·一九九〇·四·〈王安憶、莫言的疲憊〉《文學自由談》·頁
　　五〇～五五。

莫言·一九八四 a·〈白鷗前導在春船〉《小說創作》第二期·頁一七
　　～二三。

──·一九八四 b·〈島上的風〉《長城》第二期·頁一六五～一七六。

──·一九八四 c·〈雨中的河〉《長城》第五期·頁六八～八五。

──·一九八五 a·〈金髮嬰兒〉《鍾山》第五期·頁四二～七四。

──·一九八五 b·〈馬蹄〉《解放軍文藝》第十一期·頁七六～七八。

──·一九八六 b·〈美麗的自殺〉《解放軍文藝》第一期·頁三三～
　　三八。

——·一九八六 c·〈斷手〉《北京文學》第八期·頁一九～二六。

——·一九八六 d·七·一九·〈惟有眞情才動人〉《文藝報》。

——·一九八六 e·〈我想到痛苦、愛情與藝術〉《八一電影》第八期·頁二四～二五。

——·一九八七 a·二·一·〈高密之光〉《人民日報》第五版。

——·一九八七 b·十二·十三·〈高密之星〉《人民日報》第五版。

——·一九八九 d·四·〈我的農民意識觀〉《中國現代、當代文學研究》·頁一四七～一四九。

——·一九九二 c·〈天馬行空〉收入《莫言研究》·楊守森，賀立華編·山東：山東大學·頁三九五～三九七。

——·一九九二 d·〈兩座灼熱的高爐〉·頁四二〇～四二一。

——·一九九二 e·〈十年一覺高粱夢〉·頁四〇七～四〇八。

——·一九九二 f·〈〈奇死〉後的信筆塗鴉〉·頁四〇九～四一二。

——·一九九二 g·〈黔驢之鳴〉·頁四一三～四一四。

——·一九九二 h·〈也算創作談〉·頁四一五～四一七。

——·一九九二 i·〈還是碎言碎語〉·頁四一八～四一九。

——·一九九二 j·〈我與農村〉·頁六五～七二。

——·一九九二 k·〈也許因爲當過「財神爺」〉·頁七三～八〇。

——·一九九四 c·〈我的故鄉和童年〉《星光》第十一期·頁一〇四～一〇六。

——·一九九五·十一·二十二·〈《豐乳肥臀》解〉·《光明日報》。

張大春·一九九二·三·〈以情節主宰一切的——說說「莫言高密東北鄉」的「小說背景」〉《聯合文學》第八卷第五期·頁五六～六一。

張小虹·一九八九·八·〈「紅高粱」中的女人與性〉《當代》·頁一一八～一二七。

張志忠・一九八六・八・〈論莫言的藝術感覺〉《中國現代、當代文學研究》・頁一九五〜二〇〇。

───・一九八九・八・〈論長篇小說的結構藝術〉《中國現代、當代文學研究》・頁六三〜六八。

張清華・一九九三・六・〈莫言文體多重結構中傳統美學因素的再審視〉《當代作家評論》・頁一〇七〜一一三。

張閎・一九九六・第一期〈《酒國》散論〉《今天》總三十二期・頁八七〜九八。

張寧・一九九〇ａ・八・〈尋根一族與原鄉主題的變形──莫言、韓少功、劉恆的小說〉《中外文學》第十八卷第八期・頁一五五〜一六六。

───・一九九〇ｂ・六・〈文學語言的顛覆與價值語言的紊亂──莫言的長篇《十三步》〉《當代》第五十期・頁一三八〜一四八。

張德林・一九九六・〈歷史轉型時期的文學變革──試論新時期的現實主義小說〉《文藝理論研究》第六期・頁四七〜五五。

張德祥・一九八八・八・〈歷史蛻變與近年小說中的精神現象〉《中國現代、當代文學研究》・頁八七〜九五。

張學軍・一九九二・二・〈莫言小說與西方現代主義文學〉《齊魯學報》・頁二四〜三〇。

張衛中・一九九一・一・〈論福克納與馬爾克斯對莫言的影響〉《徐州師範學院學報・社哲版》・頁七九〜八三。

陳長房・一九九〇・九・〈巴赫汀的詮釋理論策略與少數族裔作家：摩理遜與湯婷婷的比較〉《中外文學》第十九卷第二期・頁四〜五四。

陳美蘭・一九九六・六・〈「文學新時期」的意味──對行進中的中國文學幾個問題的思考〉《文學評論》・頁五〜一三。

陳祖彥採訪・一九九五・九・〈七月二十二日與莫言北京見面〉《幼獅
　　文藝》第五〇一期・頁二七～三一。

陳思和・一九八八・〈歷史與現時的二元對話──兼談莫言新作〈玫瑰
　　玫瑰香氣撲鼻〉〉《鍾山》第一期・頁一七〇～一七四。

陳清義・一九八七・五・〈論莫言小說的得失〉《中國現代、當代文學
　　研究》・頁一四五～一五〇。

陳清僑・一九九四・〈放下屠刀成佛後，再操兇器便成仙──莫言《十
　　三步》的說話邏輯初探〉收入《中國現當代文學探研》・陳炳
　　良編・台北：書林・頁一～一五。

陳慧忠・一九八七・五・〈想像的自由與描寫的節制──關於莫言小說
　　創作的思考〉《中國現代、當代文學研究》・頁一五一～一五
　　二。

傅翔・一九九四・五・〈伊甸園之門──新時期小說的空間透視〉《文
　　藝評論》・頁三三～四二。

程德培・一九八七・三・〈敘述語言的功能及局限──新時期小說變化
　　思考之一〉《中國現代、當代文學研究》・頁九一～九八。

楊小濱・一九九四・十一・〈《酒國》：盛大的衰頹〉《中外文學》第
　　二十三卷第六期・頁一七五～一八六。

雷達・一九八六・七・〈游魂的復活──評《紅高粱》〉《中國現代、
　　當代文學研究》・頁一五六～一五八。

──・一九八七a・三・〈靈性激活歷史〉《中國現代、當代文學研究》
　　・頁二〇五～二一一。

──・一九八七b・〈歷史的靈魂與靈魂的歷史──評紅高粱系列小說
　　的藝術獨創性〉《崑崙》第一期・頁二三九～二五四。

萬千・一九九三・二・〈莫言：一個物化時代的感傷詩人──讀莫言的
　　幾個近作〉《當代作家評論》・頁二三～二七。

廖炳惠·一九八五·〈巴克定與德希達——兩個「反系統」化的例子〉
　　收入《解構批評論集》·台北：三民·頁二三五～二五八。

廖咸浩·一九九六·四·〈「詩樂園」的假與真——《紅樓夢》的後設
　　敘述〉《聯合文學》第十二卷第六期·頁一一八～一二七。

趙園·一九八九·四·〈回歸與漂泊——關於中國現當代作家的鄉土意
　　識〉《文藝評論》·頁五六～六五。

潘雁飛·一九九三·四·〈論新時期小說創作的寓言化傾向〉《湖南教
　　育學院學報》·頁四〇～四五，五一。

潔泯·一九八八·五·〈「陌生化」隨想〉《中國現代、當代文學研究》
　　·頁五五～五六。

劉再復·一九八六·九·八·〈新時期文學的主潮〉《文匯報》。

劉紹銘·一九九三·九·二十六·〈魔幻啓示錄〉《中時晚報》第十與
　　第十五版。

錢谷融·一九九〇·〈論「探索小說」——中國新時期文學中的一個側
　　面〉收入《中國現代文學新貌》·陳炳良編·台北：學生·頁
　　一五七～一六八。

錢林森，劉小榮·一九九二·一·〈「異端」間的潛對話——西方象徵
　　主義與莫言、張承志的小說〉《南京大學學報：哲學·人文·
　　社科版》·頁一四三～一四八，一四二。

鍾本康·一九八六·八·〈現實世界·感情世界·童話世界——評莫言
　　的四部中篇小說〉《中國現代、當代文學研究》·頁二〇九～
　　二一四。

——·一九八七·一·〈感覺的超越，意象的編織——莫言〈罪過〉
　　的語言分析〉《中國現代、當代文學研究》·頁一七三～一七
　　六。

蕭榮·一九八七·五·〈敘述語言符號系統的豐富和更新——試論新時

期的小說語言〉《中國現代、當代文學研究》·頁八三～八九。

羅強烈·一九八七·四·〈小說敘述觀念與藝術形象構成的實證與分析〉

　　《中國現代、當代文學研究》·第八五～九五。

蘇煒·一九九一·〈文學的「尋根」與「話語」的嬗變──略論西方現

　　代主義文學思潮對八〇年代中國文學的影響〉收入《中國大陸

當代文化變遷》·陳奎德主編·台北：桂冠·頁　　一八三～二〇八。

（丙）英文參引書／篇目

Chou,　Ying-hsiung（ 1989 ）"Romance of the Red　Sorghum
　　Family." *Modern Chinese Literature*. 5:33-41.

Jonathan Culler (1988) "The Modern Lyric: Generic Conti-
　　nuity and Critical Practice"*The Comparative Perspec-
　　tive on Literature*.Ed. Clayton Koelb & Susan Noakes.
　　Taipei: Bookman Books,Ltd. 284-299.

Lu,　Tong-lin（ 1993 ）"Red Sorghum: Limits of Transgres-
　　sion" *Politics. Ideology. and Literary Discourse in
　　Modern China*. Ed. Liu Kang & Xiaobing Tang.　Durham:
　　Duke UP.

Mathew Roberts（ 1989 ）"Poetics Hermeneutics Dialogics:
　　Bakhtin and Paul de Man" *Dialogism and Absence*. Ed.
　　Gary Saul Morson and Caryl Emerson. Illinois: North-
　　western UP. 115-134.

Mikhail Bakhtin（ 1981 ）*The Dialogic Imagination*.　Ed.
　　Michael Holoquist.　Trans. Caryl Emerson and Michael
　　Holoquist. Austin: Texas UP.

　　───── ─────（ 1984 ）*Rabelais` and His World*. Trans.

Helene Iswolsky. Indiana: Indiana UP.

———— ———— (1987) *Problems of Dostoevsky's Poetics*. Ed. & Trans. Caryl Emerson. Minneapolis: Minneapolis UP.

Mikhail Bakhtin,Pavel Medvedev,Valentin Voloshinov(1994) *The Bakhtin Reader*. Ed. Pam Morris. London: Edward Arnold.

Michael Holoquist (1990) *Dialogism*. New York: Routledge.

Mo Yan (1993) *Explosions and Other Stories*. Ed. Janice Wickeri Hong Kong: Renditions.

Paul de Man(1989) "Dialogue and Dialogism" *Dialogism and Absence*. Ed. Gary Saul Morson and Caryl Emerson. Illinois: Northwestern UP. 105-114.

Robert Con Davis and Ronald Schleifer (1989) "Modernism and Formalism" *Contemporary Literary Criticism*. New York: Longman. 15-24.

R. Short (1970) "Surrealism" *French Literature and its Background: 6 The Twentieth Century*.Ed.John Cruickshank. London: Oxford UP. 110-127.

Tien, Wei-Hsin(1982) *The Snopes Family and the Yoknapatawpha County*. Taipei: Institute of American Culture Academia Sinica.